KB215126

히브리서 1

일러두기   ● 이 교재는 《박영선의 다시 보는 히브리서》에서 채택한 본문으로 구성되었습니다.

            ● 이 책에서는 개역개정판 성경을 인용하였습니다.

            ● 성경을 인용할 때, 절의 전체를 인용할 경우에는 큰따옴표(" ")로,
               절의 일부를 인용할 경우에는 작은따옴표(' ')로 표기하였으나
               예수님이 직접 하신 말씀을 인용한 경우에는 때에 따라 큰따옴표로 표기하였습니다.

            ● 본문에 ( )로 표기된 것은 도서를, 〈 〉로 표기된 것은 작품을 가리킵니다.

성경공부 시리즈 109

히브리서 1

2021년 2월 26일 초판 1쇄 인쇄
2021년 3월 12일 초판 1쇄 발행

지은이 박영선
기획 강선, 박병석, 안성희, 윤철규
편집 문선형, 정유진
디자인 조윤주
마케팅 강동현
경영지원 김내리
펴낸이 최태준
펴낸곳 무근검
주소 서울특별시 송파구 올림픽로 4길 17, A동 301호
홈페이지 www.facebook.com/lampbooks **전화** 02-420-3155 **팩스** 02-419-8997
등록 2014. 2. 21. 제2014-000020호
ISBN 979-11-87506-66-9   03230

무근검은 남포교회출판부의 새로운 이름입니다.
무근검은 '하나님의 영광은 무겁고 오래된 칼과 같다'라는 뜻입니다.

성경공부 시리즈 109

히브리서 1

HEBREWS 01-08

The Epistle
to the Hebrews

박영선 지음

들어가는 말

이 책은 남포교회 구역 모임을 위해 준비한 교재입니다. 박영선 목사의 히브리서 강해 설교집인 《다시 보는 히브리서》를 저본으로, 신앙생활에서 잊지 말아야 할 가르침과 교회 생활을 하며 함께 생각해 보아야 할 점들을 염두에 두고 열한 장을 가려 뽑았습니다. 히브리서를 더 깊이 공부하길 원하는 분은 위의 설교집을 읽으면 도움이 될 것입니다. 이 공부를 통해 신앙의 핵심을 되새기고 더욱 풍성한 교회 생활을 누리기를 바랍니다.

차례

아들을 통하여
우리에게
말씀하셨으니

1 옛적에 선지자들을 통하여 여러 부분과 여러 모양으로 우리 조상들에게 말씀하신 하나님이 2 이 모든 날 마지막에는 아들을 통하여 우리에게 말씀하셨으니 이 아들을 만유의 상속자로 세우시고 또 그로 말미암아 모든 세계를 지으셨느니라 3 이는 하나님의 영광의 광채시요 그 본체의 형상이시라 그의 능력의 말씀으로 만물을 붙드시며 죄를 정결하게 하는 일을 하시고 높은 곳에 계신 지극히 크신 이의 우편에 앉으셨느니라 4 그가 천사보다 훨씬 뛰어남은 그들보다 더욱 아름다운 이름을 기업으로 얻으심이니 5 하나님께서 어느 때에 천사 중 누구에게 너는 내 아들이라 오늘 내가 너를 낳았다 하셨으며 또 다시 나는 그에게 아버지가 되고 그는 내게 아들이 되리라 하셨느냐 6 또 그가 맏아들을 이끌어 세상에 다시 들어오게 하실 때에 하나님의 모든 천사들은 그에게 경배할지어다 말씀하시며 7 또 천사들에 관하여는 그는 그의 천사들을 바람으로, 그의 사역자들을 불꽃으로 삼으시느니라 하셨으되 8 아들에 관하여

01

는 하나님이여 주의 보좌는 영영하며 주의 나라의 규는 공평한 규이니이다 **9** 주께서 의를 사랑하시고 불법을 미워하셨으니 그러므로 하나님 곧 주의 하나님이 즐거움의 기름을 주께 부어 주를 동류들보다 뛰어나게 하셨도다 하였고 (히 1:1-9)

편지의 목적

히브리서는 1세기 중엽쯤 초대교회 신앙 공동체에 쓴 편지입니다. 후대 사람들이 제목을 '히브리서'라 붙인 것은, 그 공동체의 구성원들을 기독교로 개종한 유대인들이라고 생각했기 때문입니다. 히브리서에는 유대인이 아니면 이해하기 어려운 내용이 많이 등장합니다.

이 편지를 써야 했던 것은 이들이 신앙의 큰 위협 속에 있었기 때문입니다. 그런데 히브리서는 고난을 겪고 있는 자들에게 명분을 강조하거나 의지를 북돋아 위로하는 대신, 기독교 신앙의 본질적 내용을 소개하여 저들에게 닥친 현실의 문제를 이해하고 극복하게 합니다.

히브리서는 모든 문제의 열쇠가 예수에게 있다고 초점을 맞춘 다음 예수가 누구인가를 설명해 나갑니다. 즉 예수를 믿는다는 것은 믿음이라는 행위를 명분으로 만들거나 미화하는 것이 아니라, 신앙고백의 구체적 대상인 예수에 대한 이해와 약속을 가지는 것이라고 이야기합니다.

4절을 보면 '그가 천사보다 훨씬 뛰어남은'이라는 표현이 나옵니다. 예수를 설명하는 데에 왜 천사가 비교 대상으로 등장합니까? 그것은 우리가 예수를 믿어도 현실에서는 천사를 더 기대하고 천사를 더 가깝게 여기기 때문입니다. 우리는 천사의 어떤 점을 기대하고 또 소원하는 걸까요? 바로 천사의 도덕성과 초월성입니다.

우리가 천사의 도덕성을 부러워하는 것은 그들이 흠도 없고 티도 없는 우월한 존재일 거라는 생각 때문입니다. 우리가 기대하는 천사의 초월성은 단순히 신과 피조물의 차이에서 비롯한 초월성이 아닙니다. 진흙탕에 발을 담그고 살지 않아도 되는 존재, 지지고 볶으며 살지 않아도 되는 존재로서의 초월성입니다. 자식도 없고, 걱정도 없고, 일하지 않아도 되는 삶, 이것이 우리가 천사를 소원하는 이유입니다.

히브리서는 천사와 예수를 대조하여 기독교가 우리의 기대, 소원, 상상과 얼마나 다른 것인지 이야기합니다. 하나님이신 예수가 '인간으로 오셨다'라는 말은 하나님이 하나님 당신에 대한 설명과 우리에 대한 당신의 뜻을 이루시는 방법을, 우리가 보고 듣고 만지고 경험할 수 있는 한 육신을 통해 드러내셨다는 의미입니다. 히브리서는 이 점을 강조함으로써 우리의 한계와 미흡함에 대한 체념을 극복하게 합니다.

우리는 신자임에도 그저 '죽어서 천국 가면 됐지. 뭐'라든가 '아이고, 저것들도 어떻게 되겠지'와 같은 체념 속에 살아갑니다. 그런데 우리 신앙의 문제는 지금 눈앞의 위기나 장애물 하나를 제거한다고 해결될 수는 없습니다. 인생살이 전체에 대한 가치를 확인하고, 나의 한계에도 불구하고 그 속에서 하나님의 능력으로 만들어지는 무한한 명예를 확인해야 비로소 우리는 신자라는 이름으로 인생을 살 수 있습니다.

성육신의 신비

성육신을 생각해 봅시다. 하나님이 시간과 공간 속에 잡혀 들어왔으나 그것으로 인류의 운명과 역사를 바꿔 버리십니다. 무한이 유한 속에 들어온 것도 신기한데, 예수는 그 한계 속에서 인간의 손에 붙잡혀 배반과 수모와 채찍질과 죽임을 당하는 방법으로 구원을 이루십니다. 이로써 하나님의 영광은 어떠한 자리에서도 부족하지 않다는 사실을 보여 주십니다. 하나님의 기쁨으로 지음을 받은 우리가, 하나님의 영광을 찬송하기 위해 창조된 우리 인생이 어느 자리에서도 결코 부족함이 없다는 것을 예수로 증언하십니다. 이것이 성육신입니다.

그러니 우리 인생 속에서 다른 누구와 비교하여 늘 불만인 점, 즉 스스로 풀 수 없는 속 깊은 상처가 오히려 일을 한다고 믿어야 합니다. 믿음이란 바로 그런 도약입니다. 우리는 그것을 예수에게서 보았습니다. 그것이 우리로 넘을 수 없는 산을 넘게 하고 건널 수 없는 강을 건너게 합니다. 우리 각각의 실존, 즉 제한된 현실과 우리가 수용하길 거부하는 한계에서 하나님이 일하시는 위대한 신비가 있습니다. 그런데 우리는 여기로 못 넘어온 채, 죽어서 천국 가면 족하다고 찬송가만 부르고 달리 대책이 없어 교회 와서 무릎 꿇고 기도하는 것으로 자책하고 타협할 때가 많습니다. 이런 우리에게 성경이 도전해 옵니다.

인생을 그냥 타협하고 사는 건 손해입니다. 주어진 하루에 하루만큼의 인생을 살아 내지 못하는 것은 비극입니다. 이런 관점에서 '예수는 누구인가' 하는 문제를 잘 설명해 주는 본문이 요한복음 1장입니다.

> 태초에 말씀이 계시니라 이 말씀이 하나님과 함께 계셨으니 이 말씀은 곧 하나님이시니라 그가 태초에 하나님과 함께 계셨고 만물이 그로 말미암아 지은 바 되었으니 지은 것이 하나도 그가 없이는 된 것이 없느니라 (요 1:1-3)

인간은 예수 안에서 지어집니다. 여기 '예수 안에서'라는 표현은 말하자면 '부모 자식 간'이라는 의미로 생각해 볼 수 있습니다. 유전자를 물려받는 관계입니다. 흔히 하는 "누가 박씨 아들 아니랄까 봐", "누가 배달민족 아니랄까 봐"라는 표현에서 오는 뉘앙스와 비슷합니다. 그렇게 하나님은 우리가 예수 안에서 예수의 성품을 물려받은 존재로 창조되었다고 말씀하십니다. 그리고 14절은 이렇게 이어집니다.

> 말씀이 육신이 되어 우리 가운데 거하시매 우리가 그의 영광을 보니 아버지의 독생자의 영광이요 은혜와 진리가 충만하더라

(요 1:14)

예수의 영광은 아버지 하나님의 영광인데, 그 영광이 육체를 입고 오자, 우리가 그 영광을 보고 알고 증언하게 됩니다. 인간이란 어떤 존재이고 하나님이 인간에게 주신 영광이 어떠한 것인지를 예수의 성육신을 통해 처음 보는 것입니다.

예수는 갖은 우여곡절 끝에 오해와 증오의 대상이 되어 당시 권력자들에 의해 척결됩니다. 예수는 그 길을 말 없이 걷습니다. 죽은 자를 살리고 바다를 잠잠하게 하고 문둥병자를 고칠 수 있는 능력을 가졌지만, 모든 고난을 감수하십니다. 이것은 단순히 양보가 아닙니다. 마치 드라마 속에서 바람이 많이 분다든가 비가 퍼붓듯이 쏟아져도 그런 것들은 주인공이 가는 길을 막을 수 없는 것과 같습니다. 비나 바람은 극적 효과를 주고, 주인공의 활약을 더욱 돋보이게 하는 장치에 불과합니다. 이것이 성경이 하고 싶어 하는 이야기입니다.

요한복음 3장 16절을 봅시다. "하나님이 세상을 이처럼 사랑하사 독생자를 주셨으니 이는 그를 믿는 자마다 멸망하지 않고 영생을 얻게 하려 하심이라." 하나님이 예수를 보내신 사건은 우리의 동의가 필요하지 않은 선포입니다. 마치 창조자로서 "태초에 하나님이 천지를 창조하셨다", "빛이 있으라 하시니 빛이 있었다"와 같은 것입니다. "내가 구원을 베푸노라. 내가 내 아들을 보내노라"라는 말은 우리의 반응이나 선택에 좌우되는 문제가 아니라 하나님의 의도이자 선언입니다. 무엇이 그 길을 방해할 수 있으며, 제약할 수 있겠습니까? 구원은 이렇게 선포되는 것입니다.

영광으로 가는 길

우리는 세상과 다른 존재입니다. 하나님이 우리를 다른 존재와 다른 내용으로 시간과 공간 속에 보내셨습니다. 예수를 그렇게 보냈듯이 말입니다. 말이 안 되는 곳에, 아무도 몰라보고 편들어 주지 않고 보상해 주지 않는 곳에 하나님의 손길로, 그 아들을 보내신 구원의 능력으로, 하나님의 영광으로 우리를 보내셨습니다. 이런 이해가 없으면 우리는 인생을 살아 낼 방법이 없습니다. 그것이 우리에게 힘이 되지 않는다면, 그래서 우리가 겪는 모든 일이 우리를 방해할 수 없다는 사실을 알지 못한다면, 결국 우리의 모든 기도는 원망일 수밖에 없습니다. 에베소서 1장은 하나님이 우리를 부르신 목적을 분명하게 선언하고 있습니다.

> 찬송하리로다 하나님 곧 우리 주 예수 그리스도의 아버지께서 그리스도 안에서 하늘에 속한 모든 신령한 복을 우리에게 주시되 곧 창세 전에 그리스도 안에서 우리를 택하사 우리로 사랑 안에서 그 앞에 거룩하고 흠이 없게 하시려고 그 기쁘신 뜻대로 우리를 예정하사 예수 그리스도로 말미암아 자기의 아들들이 되게 하셨으니 이는 그가 사랑하시는 자 안에서 우리에게 거저 주시는 바 그의 은혜의 영광을 찬송하게 하려는 것이라
> (엡 1:3-6)

이 권면은 강요나 위협이 아닙니다. 어떻게 확신할 수 있습니까? 우리가 아직 죄인 되었을 때 예수께서 우리를 찾아오셨다는 사실로 알 수 있습니다. 굉장합니다. 아무도 몰랐습니다.

우리 역시 이웃들 앞에 그런 존재로 서 있습니다. '이 사람은 뭔가? 왜 이렇게 다른가?' 그들의 머리에 내려치는 벼락같은 존재가 우리입니다. 선하게 산다고 세상에서 보상받지 않습니다. 결국 예수를 죽인 세상입니다. 우리가 아무리 잘해도 세상은 항복하지 않을 것입니다. 그러나 우리는 우리가 이해하고 상상하는 그 이상의 존재라는 것과 우리에게는 고유한 사명이 있음을 알게 되었습니다. 우리는 하나님의 영광과 기쁨에 참여하는 명예로운 존재입니다. 이제 그 인생을 사십시오. 자랑할 일이 충만할 것입니다.

질문하기

1.

고난을 겪고 있는 자들이 현실의 문제를 이해하고 극복하도록 히브리서는 무엇을 소개합니까?

2.

예수를 설명하는 데에 왜 천사가 비교 대상으로 등장합니까?

3.

하나님이 인간에게 주신 영광이 어떠한 것인지를 무엇으로 확인할 수 있습니까?

나누기

세상과 '다른 존재'로 살면서 오늘 내가 할 수 있는 일이 무엇일지 나누어 봅시다.

이 구원은
처음에 주로
말씀하신 바요

10 또 주여 태초에 주께서 땅의 기초를 두셨으며 하늘도 주의 손으로 지으신 바라 **11** 그것들은 멸망할 것이나 오직 주는 영존할 것이요 그것들은 다 옷과 같이 낡아지리니 **12** 의복처럼 갈아입을 것이요 그것들은 옷과 같이 변할 것이나 주는 여전하여 연대가 다함이 없으리라 하였으나 **13** 어느 때에 천사 중 누구에게 내가 네 원수로 네 발등상이 되게 하기까지 너는 내 우편에 앉아 있으라 하셨느냐 **14** 모든 천사들은 섬기는 영으로서 구원 받을 상속자들을 위하여 섬기라고 보내심이 아니냐 **2:1** 그러므로 우리는 들은 것에 더욱 유념함으로 우리가 흘러 떠내려가지 않도록 함이 마땅하니라 **2** 천사들을 통하여 하신 말씀이 견고하게 되어 모든 범죄함과 순종하지 아니함이 공정한 보응을 받았거든 **3** 우리가 이같이 큰 구원을 등한히 여기면 어찌 그 보응을 피하리요 이 구원은 처음에 주로 말씀하신 바요 들은 자들이 우리에게 확증한 바니 **4** 하나님도 표적들과 기사들과 여러 가지 능력과 및 자기의 뜻을 따라 성령이 나누어 주신 것으로써 그들과 함께 증언하셨느니라 (히 1:10-2:4)

영광에 이르게 하는 구원

히브리서의 수신자들은 예수를 믿는다는 이유로 로마제국의 정치적, 사회적 핍박을 받을 뿐만 아니라 동족인 유대인들에게는 배신자 취급도 받았습니다. '예수는 하나님이다'라고 고백하였기 때문입니다. 이것이 유대교의 유일신 사상을 배격하는 신성모독으로 여겨져 동족으로부터 반역자 취급을 받았던 것입니다. 히브리서는 그들이 겪는 고난에 찬 현실에 대해 이런 질문으로 말을 겁니다. "예수를 믿는다는 것이 무슨 뜻인지 아느냐? 예수가 누구인지 아느냐?"

우리는 예수와 그분이 행하신 구원에 대해 이미 다 알고 있다고 생각할 때가 많습니다. 그러나 히브리서를 통해 예수에 대한 더 깊고 새로운 의미를 발견하게 될 것입니다. 먼저 로마서 3장으로 가 보겠습니다.

이제는 율법 외에 하나님의 한 의가 나타났으니 율법과 선지자들에게 증거를 받은 것이라 곧 예수 그리스도를 믿음으로 말미암아 모든 믿는 자에게 미치는 하나님의 의니 차별이 없느니라 모든 사람이 죄를 범하였으매 하나님의 영광에 이르지 못하더니 그리스도 예수 안에 있는 속량으로 말미암아 하나님의 은혜로 값 없이 의롭다 하심을 얻은 자 되었느니라 이 예수를 하나님이 그의 피로써 믿음으로 말미암는 화목제물로 세우셨으니 이는 하나님께서 길이 참으시는 중에 전에 지은 죄를 간과하심으로 자기의 의로우심을 나타내려 하심이니 곧 이 때에 자기의 의로우심을 나타내사 자기도 의로우시며 또한 예수 믿는 자를 의롭다 하려 하심이라 (롬 3:21-26)

율법 외에 하나님이 더 베푸신 은혜는 예수와 그분을 통한 구원입니다. 율법은 잘잘못에 대한 것입니다. 잘하면 복 주고 잘못하면 벌주는 것이 율법인데, 예수는 거기서 더 나아갑니다. 은혜로 죄인을 구원하는데, 이 구원은 잘못한 자들에게 벌을 주기는커녕, 잘해야 받는 복보다 더 큰 복을 줍니다. 성경이 말하는 구원은 이런 것입니다. 구원은 죄지은 자들이 받아야 할 벌을 면제해 주는 정도가 아닙니다. 로마서 3장 23절에 나오는 바와 같이 모든 사람이 죄를 범하여서 하나님의 영광에 이르지 못했는데, 구원이 주어지자 하나님의 영광에 이르게 된 것입니다.

성경은 죄를 소극적 관점이 아니라 적극적 관점에서 다룹니다. 성경에서 죄는 흠 있고 잘못이 많아 책망받아야 할 대상으로 등장하는 것이 아니라, 하나님의 영광에 이르지 못한 것으로 정의됩니다. 그러니 잘못을 저지르지 않는 것으로 자기 할 일 다 했다고 할 수 없습니다. 인간은 죄가 가로막고 있는 걸 넘어 창조가 목적한 자리로 가야 하는데, 가지 못하고 있습니다. 그런데 우리가 건너가지 못하는 자리를 하나님이 넘어오십니다. 믿음으로 넘어오십니다. 이렇게 율법이 아니라 하나님이 반전을 이루어 내신 파격적인 그 무엇을 성경은 '믿음'이라고 이야기합니다. 하나님이 예수를 보내 믿음이라는 방법을 동원하여 우리를 당신의 영광에 이르게 하시는 것이 구원입니다.

은혜로 말미암는 믿음

잘잘못이 아무 상관없다는 이야기가 아닙니다. 우리는 죄가 무엇인지 압니다. 하나님과 분리되면 인간은 가치 있는 일이나 영광스러운 일을 할 수 없는 존재라는 걸 보았습니다. 우리가 옛날에 지은 죄를 용서받아 다시는 죄를 짓지 않고 사는 정도의 일을 위해 하나님의 아들이 온 것이 아닙니다. 주께서는 우리를 창조하신 원래 목적을 이루기 위하여, 그 영광을 완성하기 위하여 오셨습니다. 이것을 믿음이라고 합니다.

믿음은 은혜에 속한 것입니다. 은혜는 잘 알다시피 일방적입니다. 받는 사람이 조건과 자격을 갖추지 못해도 용서와 회복을 주는 것이 은혜입니다. 그런데 이런 말을 들으면 금방 드는 생각이 있습니다. '그렇다면 그냥 은혜라고 하면 되지, 왜 믿음이라고 하는가?' 이런 질문은 믿음을 '믿을 만한 것에 기대를 걸어 보는 것'이라고 생각하는 데서 나옵니다. 만일에 대비해서 들어 두는 보험과 같은 개념으로 여기는 것입니다.

이와 달리 성경은 믿음을 '책임 있는 반응'이라고 이야기하고 싶어 합니다. 그런데 믿음이 책임 있는 반응이라는 말을 들으면, 우리는 은혜가 설 자리는 없다고 생각하게 됩니다. 그렇다면 은혜라고 해 놓고, 왜 믿음을 이야기합니까? 은혜가 믿음을 만들기 때문입니다. 은혜는 믿음의 시초이고 은혜의 목적은 책임입니다. 책임은 조건이 아니라 결과입니다.

우리는 영광과 보람과 가치와 명예와는 전혀 동떨어진, 어두움과 못남과 비참함과 비극 속에 살았는데, 하나님이 예수를 보내 우리를 뒤집으셨습니다. 이제 우리는 하나님이 원래 목적하셨던 세상과 인생을 살게 되었습니다. 이 일이 하나님의 은혜로 가능하게 되었습니다.

우리는 현실을 살면서 어떻게 하면 죄를 안 짓는지, 또 죄를 안 지으면 보상을 받는지와 같은 소극적 안심에만 머무를 수 없습니다. 우리가 어떤 존재인지를 몰라보는 세상 속에서 우리는 하나님 없이 사는 자들이 얼마나 비겁하고 헛되게 사는가를 보며, 하나님이 예수 안에서 우리에게 만들어 주신 것을 훈련하고 구체화하여 모험에 맞서는 기회로 인생을 살아야 합니다.

그런 차원에서 보면 하나님을 모르는 자들은 우리를 이해할 수 없을 것입니다. 그러나 우리에게 보상해 주는 것은 세상이 아닙니다. 하나님이 예수 안에서 위대한 명예와 기회로 우리에게 보상해 주실 것입니다. 우리만이 세상의 빛입니다. 우리만이 생명입니다. 우리만이 진리입니다. 이것이 성경이 하고 싶은 이야기입니다.

그러니 예수를 믿는다는 말이 무슨 의미인지 이해해야 합니다. 하나님은 하나님의 하나님다우심을 예수를 보내심으로, 우리를 구원하심으로, 우리를 영광의 자리로 불러내심으로 우리 인생과 존재에 증언하셨습니다. 우리는 영광으로 부름받았습니다. 우리에게 주신 나날은, 그 부르심에 순종하여 책임 있는 자로 실력을 쌓아 나가도록 은혜로 허락된 기회입니다.

명예롭게 살 위대한 기회

그렇다면 하나님의 하나님 되심은 우리에게 무엇을 만들어 냅니까? 하나님이 당신의 아들을 보내어 우리 혼자서는 회복할 수 없고 만회할 수 없고 성취할 수 없는 것을 이루도록 하십니다. 그 아들이 오신 일 자체가 구원의 선포입니다. 구원은 하나님의 선포입니다. 우리의 성취나 노력에 대한 보상으로 주어지지 않았습니다. 왜 믿는지 우리는 모릅니다. 그러나 믿게 되었습니다.

이제 우리는 해야 할 일이 있습니다. 자꾸 '내가 어쩌다 믿게 되었을까'로 돌아가지 마십시오. 하나님이 예수를 보내어 허락하신 위대한 기회인 지금 나의 현실을 힘차게 살아가십시오. 하나님이 영광으로 완성하기 위하여 일하신 결과가 나라는 존재임을 잊지 마십시오. 우리는 예수가 오셔서 만들어 낸 창조, 용서, 구원, 부활의 권능에 붙잡혀 하나님의 영광을 이루는 과정에 있는 존재입니다. 예수께서는 이런 명령을 하십니다.

새 계명을 너희에게 주노니 서로 사랑하라 내가 너희를 사랑한 것 같이 너희도 서로 사랑하라 너희가 서로 사랑하면 이로써 모든 사람이 너희가 내 제자인 줄 알리라 (요 13:34-35)

이것은 강요가 아닙니다. 물론 협박도 아닙니다. 명예입니다. 예수를 믿지 않고는 사랑을 할 수 없습니다. 사랑이란 하나님에게만 있는 속성이자 특권입니다. 하나님이 우리에게 사랑할 권리를 주십니다. 세상은 왜 사랑을 할 수 없을까요? 예수 없이는 어떤 것도 사랑할 수 없기 때문입니다. 하나님만이 사랑이시기에 하나님만이 사랑을 주실 수 있습니다. 하나님에게서 나오지 않는 한, 그 누구도 사랑할 수가 없습니다. 구원이 무엇이며, 하나님의 뜻이 무엇인지 모르면, 현실을 긍정적이고 적극적으로 살아 낼 수 없습니다. 에베소서 1장의 말씀을 다시 찾아봅시다.

찬송하리로다 하나님 곧 우리 주 예수 그리스도의 아버지께서 그리스도 안에서 하늘에 속한 모든 신령한 복을 우리에게 주시되 곧 창세 전에 그리스도 안에서 우리를 택하사 우리로 사랑 안에서 그 앞에 거룩하고 흠이 없게 하시려고 그 기쁘신 뜻대로 우리를 예정하사 예수 그리스도로 말미암아 자기의 아들들이 되게 하셨으니 이는 그가 사랑하시는 자 안에서 우리에게 거저 주시는 바 그의 은혜의 영광을 찬송하게 하려는 것이라 (엡 1:3-6)

하나님은 당신이 어떤 분이신지, 하나님의 하나님되심을 어디에서 가장 크게 나타내셨습니까? 예수로 말미암은 구원에서입니다. 하나님이 우리를 향해 원래 가지셨던 뜻을 이루시기 위해 곧 창세전에 그리스도 안에서 우리를 택하사 하늘에 속한 모든 복을 받게 하시며, 사랑 안에서 그 앞에 세우기 위하여 우리를 불러내셨습니다. 이것이 창조이며 구원입니다. 이 모든 일의 초점이 예수에게 있습니다. 하나님이 직접 오셨습니다. 그가 오셔서 우리의 현실을 사시며 우리가 부딪히는 모든 장애물을 제거하시며 새로운 길을 여셨습니다.

세상 사람들이 종종 '저 사람은 예수 안 믿어도 천국 갈 사람이야'라는 말을 하는데, 이는 기독교를 전혀 몰라서 하는 이야기입니다. 착한 것 정도로는 부족합니다. 마음에 거리낌이 없는 정도로도 부족합니다. 오히려 거리낌이 많을수록 좋습니다. 대신 훌륭해집시다. 잘못한 것이 문제가 아닙니다. 후회와 부끄러움을 지나 얻게 되는 훌륭함에 이르도록, 감사와 자랑과 영광으로 가는 인생을 살도록 오늘이 주어져 있음을 기억하십시오.

모든 것이 장애물이고 방해뿐인 억울하기만 한 조건 속에서 하나님은 '사랑이란 그 모든 것 위에 있는 것이다'를 예수로 증명하십니다. 그는 육체를 입고 이 세상에 와서 오해를 받고 배신을 당하고 수치를 겪으며 채찍에 맞고 마침내 '자칭 유대인의 왕'이라는 명패가 달린 십자가에서 죽습니다. 인간이 만들어 낼 수 있는 최고의 영광은 권력에 불과합니다. 폭력에 불과합니다. 여전히 누구를 무릎 꿇려야만 자신의 가치를 확인할 수 있다고 생각한다면 부끄러워해야 합니다. 섬길 수 있고 용서할 수 있는 것이야말로 우리 생애의 가장 큰 특권입니다.

질문하기

1.

히브리서의 수신자들이 겪었던 이중고는 무엇입니까?

2.

성경은 믿음을 '(   ) 있는 반응'이라고 가르칩니다.

3.

하나님이 영광으로 완성하기 위하여 일하신 결과인 나는 어떤 존재입니까?

나누기

섬길 수 있고 용서할 수 있는 특권을 누렸던 경험을 함께 나누어 봅시다.

사람이
무엇이기에

5 하나님이 우리가 말하는 바 장차 올 세상을 천사들에게 복종하게 하심이 아니니라 6 그러나 누구인가가 어디에서 증언하여 이르되 사람이 무엇이기에 주께서 그를 생각하시며 인자가 무엇이기에 주께서 그를 돌보시나이까 7 그를 잠시 동안 천사보다 못하게 하시며 영광과 존귀로 관을 씌우시며 8 만물을 그 발 아래에 복종하게 하셨느니라 하였으니 만물로 그에게 복종하게 하셨은즉 복종하지 않은 것이 하나도 없어야 하겠으나 지금 우리가 만물이 아직 그에게 복종하고 있는 것을 보지 못하고 9 오직 우리가 천사들보다 잠시 동안 못하게 하심을 입은 자 곧 죽음의 고난 받으심으로 말미암아 영광과 존귀로 관을 쓰신 예수를 보니 이를 행하심은 하나님의 은혜로 말미암아 모든 사람을 위하여 죽음을 맛보려 하심이라 (히 2:5-9)

03

하나님보다 조금 못하게 하시고

히브리서는 우리가 하나님의 후사요 세상을 향한 그분의 통치를 물려받은 자녀의 지위를 누리고 있다고 이야기합니다. 그러니 성경이 말하는 구원은 다만 지옥 가지 않고 천국 가는 것과는 비교할 수 없이 큰 것입니다. 본문 6절에 인용된 '사람이 무엇이기에 주께서 그를 생각하시며 인자가 무엇이기에 주께서 그를 돌보시나이까'라는 고백은 굉장히 놀랍습니다. "아, 이렇게 큰 구원, 이렇게 놀라운 구원으로 대접해 주시다니요. 제가 그런 대접을 받을 만한 존재라는 말입니까?" 하고 충격에 빠질 만한 약속입니다. 이것이 우리를 창조하신 목적이라고 합니다. 성경이 말하는 인간의 가치는 적당한 수준의 예의와 지성, 적정한 도덕성과 유용성을 갖추면 그만인 정도를 훨씬 뛰어넘습니다.

존재론적으로는 창조주와 피조물이 동등할 수 없습니다. 그러나 하나님은 우리를 대등한 관계로 대하십니다. 하나님은 우리에게 우리의 기대와 상상을 초월한 목적을 두고 계십니다. 무엇으로 확인할 수 있습니까? 구원을 성취하기 위해서 하나님이 당신의 아들을 직접 보내시고, 그 아들이 친히 십자가의 수치와 죽음을 감수하였다는 사실에서 알 수 있습니다. 이것이 나는 예수를 믿는다, 예수가 십자가를 지셨다, 하나님이 우리를 사랑하신다는 말에 담긴 힘 있는 내용입니다.

공포가 없는 자리

이런 맥락에서 로마서 8장의 말씀을 살펴보겠습니다.

> 너희는 다시 무서워하는 종의 영을 받지 아니하고 양자의 영을 받았으므로 우리가 아빠 아버지라고 부르짖느니라 성령이 친히 우리의 영과 더불어 우리가 하나님의 자녀인 것을 증언하시나니 자녀이면 또한 상속자 곧 하나님의 상속자요 그리스도와 함께 한 상속자니 우리가 그와 함께 영광을 받기 위하여 고난도 함께 받아야 할 것이니라 (롬 8:15-17)

대개 우리는 고난은 싫어하지만 영광이나 사랑은 양손 들어 환영할 것입니다. 하나님은 우리의 아버지이십니다. 여느 인간관계와 달리, 부모와 자식 간에 가장 큰 특징은 공포가 없다는 점입니다. 혹 부모가 자식에게 매를 들어도 죽으라고 때리는 것이 아니고, 화를 내도 저주하려고 욕하는 게 아닙니다.

그래서 성경은 두려워하지 말라고 이야기합니다. 기독교 신앙의 어떤 영역에도 공포는 존재하지 않습니다. 진정성과 공포는 다릅니다. 진지한 것과 죽이려고 덤벼드는 것은 다릅니다. 그런데도 우리는 삭발하거나 혈서를 써야 진정성이 증명된다고 이해하는 바람에 진심을 이야기할 때면 화를 내거나 울부짖거나 자폭하는 태도를 보입니다. 그래야 인정받는 사회에 살고 있기 때문입니다. 진정성과 공포가 맞물려 있는 경우가 많습니다.

성경은 '예수의 죽음이 공포를 제거하였다. 사랑이 공포를 삼켰다'라고 이야기하는데, 우리는 그 말을 잘 이해하지 못합니다. 그런 우리에게 '하나님이 우리를 사랑하신다. 하나님이 우리에게 아버지이시다'라는 말을 새롭게 이해하라고 히브리서는 강조합니다. 같은 내용을 에베소서 1장에서는 이렇게 이야기합니다.

우리 주 예수 그리스도의 하나님, 영광의 아버지께서 지혜와 계시의 영을 너희에게 주사 하나님을 알게 하시고 너희 마음의 눈을 밝히사 그의 부르심의 소망이 무엇이며 성도 안에서 그 기업의 영광의 풍성함이 무엇이며 그의 힘의 위력으로 역사하심을 따라 믿는 우리에게 베푸신 능력의 지극히 크심이 어떠한 것을 너희로 알게 하시기를 구하노라 그의 능력이 그리스도 안에서 역사하사 죽은 자들 가운데서 다시 살리시고 하늘에서 자기의 오른편에 앉히사 모든 통치와 권세와 능력과 주권과 이 세상뿐 아니라 오는 세상에 일컫는 모든 이름 위에 뛰어나게 하시고 또 만물을 그의 발 아래에 복종하게 하시고 그를 만물

위에 교회의 머리로 삼으셨느니라 교회는 그의 몸이니 만물 안
에서 만물을 충만하게 하시는 이의 충만함이니라 (엡 1:17-23)

부모 자식 간이라는 말로 부족해서 '너희는 내 몸이다'라고 이야
기합니다. 교회로 모인 우리를 그리스도의 몸이라 하셨습니다.
머리와 몸은 분리될 수 없습니다. 이어서 교회의 충만으로만 완
성되는 하나님의 충만을 이야기합니다. 하나님의 충만은 우리
의 충만으로만 가능하고, 또 우리의 충만으로만 완성된다고 선
언하십니다. 우리 없이 하나님 홀로 충만해지거나 홀로 만족하
지 않으시겠답니다. 이 말은 자식을 길러 보면 누구나 공감하는
대목입니다. 자식이 행복할 수 있다면, 무슨 손해라도 볼 수 있
는 사람이 부모입니다.

안전장치

하나님의 이 약속은 예수께서 통치자로서의 지위를 회복하고 승
리하여 하늘 보좌 우편에 앉으셔서 성취하셨다고 합니다. 하지
만 세상은 여전히 하나님에게 항복하지 않습니다. 왜 그럽니까?
　예수의 승리는 그가 인간의 몸을 입고 와 십자가를 지셔서 이
룬 승리입니다. 인류의 대표로 오신 예수의 승리는 인류의 승리
가 됩니다. 그러나 그렇게 인류의 대표자가 이루어 낸 승리라고
해서 우리를 도매금으로 엮어 가지 않으십니다. 그 승리가 각각
의 삶과 존재와 경우에서 각자의 실력이 될 수 있도록 각자에게

인생의 여정을 허락하십니다. 그래서 고난이 있습니다.

우리는 여기가 어렵습니다. 예수님이 죽음으로 구원을 이루신다는 것도 선뜻 이해하기 어렵고 우리의 고난이 필수 과정이라는 사실도 받아들이기가 쉽지 않습니다. 우리가 겪는 고통에는 외적 불만 못지않게 내적 불만도 있습니다. 자책, 후회, 연민, 원망, 이런 것들은 없어도 되는, 아니 없어야 더 좋을 것 같습니다. 그런데 하나님은 왜 이런 것을 우리에게 허락하시는지, 왜 이런 과정을 우리 모두 밟게 하시는지 의문이 듭니다.

우리에게 일어나는 고난은 우리를 죽음으로 내몰면서 위협합니다. 그런데 '너는 쓸데없어. 너는 끝이야. 그래 봐야 아무것도 아니야'라고 우리를 위협하고 짓누르는 것들이 마침내 우리를 만들어 갈 것입니다. 왜냐하면 하나님이 거기에 문을 달아 놓을 것이기 때문입니다. 세상 사람들에게는 고통이 고통으로 끝날 뿐입니다. 그러나 우리는 고통을 겪을 때 예수로 말미암아 이런 생각을 하게 됩니다. '인생은 무엇이며 나는 누구인가.' 하나님이 대답하십니다. "너는 내 자녀다."

이런 하나님의 선포에 우리의 인생이 달라집니다. 부모가 있는 자녀와 고아는 다릅니다. 소망이 다르고 자신감이 다릅니다. 그래서 성경은 우리에게 마음껏 이 약속을 하는데, 이런 내용이 로마서 8장에 잘 나와 있습니다. 우리가 어떤 고난을 받든지 간에 하나님의 날개 아래에서 보호받고 있기에 넉넉할 수 있다고 성경은 힘써 강조합니다.

그러므로 이제 그리스도 예수 안에 있는 자에게는 결코 정죄함이 없나니 이는 그리스도 예수 안에 있는 생명의 성령의 법이 죄와 사망의 법에서 너를 해방하였음이라 (롬 8:1–2)

위협과 공포와 절망이 쳐들어와도 그것이 승리하지 못한다, 오히려 너는 생각하게 되고 각성하게 되고 더 깊고 성숙한 존재가 될 것이다, 생명의 성령의 법이 죄와 사망의 법을 이길 것이다, 그러니 걱정하지 마라, 이렇게 이야기합니다. 그래도 마음이 놓이지 않는다면 더 봅시다.

이와 같이 성령도 우리의 연약함을 도우시나니 우리는 마땅히 기도할 바를 알지 못하나 오직 성령이 말할 수 없는 탄식으로 우리를 위하여 친히 간구하시느니라 (롬 8:26)

신이 자기를 경배하는 자들을 위하여 간구하다니 얼마나 놀랍습니까? 자기에게 경배하는 자들을 위하여 간구하는 신은 어디에도 없습니다. 오직 우리에게만 있습니다. 부모라면 다 하는 것입니다. 부모가 고함만 지릅니까? 오히려 부모가 자식한테 비는 경우가 많습니다. 하나님이 그렇게 하십니다. 우리를 그렇게 대접하십니다. 이 얼마나 굉장한 자리인가요? 그저 이익을 얻고 혜택을 누리는 것과는 비교할 수 없는, 섬기고 사랑하는 부모와 자식 관계입니다. 이어서 안전장치가 하나 더 나옵니다.

내가 확신하노니 사망이나 생명이나 천사들이나 권세자들이나 현재 일이나 장래 일이나 능력이나 높음이나 깊음이나 다른 어떤 피조물이라도 우리를 우리 주 그리스도 예수 안에 있는 하나님의 사랑에서 끊을 수 없으리라 (롬 8:38-39)

사랑이란 무엇입니까? 사랑은 포기하지 않는 열심이자 조건 없는 의지입니다. 포기가 없고 조건이 없는 것, 이것이 사랑이며 기독교이며 예수를 믿는 것입니다. 믿음이란 무엇입니까? 믿음은 하나님이 당신의 영광을 궁극적 승리로 이끄실 것이라고 기대하는 것입니다. 하나님의 영광은 무엇입니까? 우리의 영광을 만들어 내는 것입니다. "자, 봐라. 얘가 내 자식이다." 이것이 하나님의 영광입니다. 하나님은 영광을 받으시기 위하여 우리를 무릎 꿇리거나 써먹지 않으십니다. 우리를 영광스럽게 하는 것이 하나님의 영광입니다. 하나님이 기꺼이 우리에게 비시고 우리 손에 죽임을 당하십니다. 그러실 수 있습니다. 굉장합니다. 우리 각자에게 주어진 이런 영광을 바로 안다면 우리는 감히 방심할 수 없을 것입니다. 이 위대함을 살아 내는 귀한 인생이길 바랍니다.

질문하기

1.

하나님이 우리에게 우리의 기대와 상상을 초월한 목적을 두고
계시다는 것을 무엇으로 확인할 수 있습니까?

2.

성경은 예수의 죽음이 어떤 결과를 가져왔다고 이야기합니까?

3.

하나님의 영광은 무엇입니까?

나누기

하나님이 우리를 존귀하게 대하신다는 사실을 절감했던 적이
있다면 함께 나누어 봅시다.

오직
아브라함의 자손을
붙들어 주려

8 만물을 그 발 아래에 복종하게 하셨느니라 하였으니 만물로 그
에게 복종하게 하셨은즉 복종하지 않은 것이 하나도 없어야 하겠으
나 지금 우리가 만물이 아직 그에게 복종하고 있는 것을 보지 못하
고 9 오직 우리가 천사들보다 잠시 동안 못하게 하심을 입은 자
곧 죽음의 고난 받으심으로 말미암아 영광과 존귀로 관을 쓰신 예
수를 보니 이를 행하심은 하나님의 은혜로 말미암아 모든 사람을
위하여 죽음을 맛보려 하심이라 10 그러므로 만물이 그를 위하
고 또한 그로 말미암은 이가 많은 아들들을 이끌어 영광에 들어가
게 하시는 일에 그들의 구원의 창시자를 고난을 통하여 온전하게
하심이 합당하도다 11 거룩하게 하시는 이와 거룩하게 함을 입은
자들이 다 한 근원에서 난지라 그러므로 형제라 부르시기를 부끄
러워하지 아니하시고 12 이르시되 내가 주의 이름을 내 형제들에
게 선포하고 내가 주를 교회 중에서 찬송하리라 하셨으며 13 또
다시 내가 그를 의지하리라 하시고 또 다시 볼지어다 나와 및 하나

님께서 내게 주신 자녀라 하셨으니 **14** 자녀들은 혈과 육에 속하였으매 그도 또한 같은 모양으로 혈과 육을 함께 지니심은 죽음을 통하여 죽음의 세력을 잡은 자 곧 마귀를 멸하시며 **15** 또 죽기를 무서워하므로 한평생 매여 종 노릇 하는 모든 자들을 놓아 주려 하심이니 **16** 이는 확실히 천사들을 붙들어 주려 하심이 아니요 오직 아브라함의 자손을 붙들어 주려 하심이라 (히 2:8-16)

사람이 무엇이기에

히브리서에서 하나님은 "천사는 내 시종에 불과하지만, 너희는 내 상속자다. 너희는 여기까지 와야 한다"라고 하십니다. '여기까지'란 어디까지일까요? 예수가 오셔서 십자가를 지고 죽으심으로 이루신 영광과 존귀의 자리입니다.

시편 8편에서 보듯, 하나님은 사람을 어떻게 대접하십니까? "그를 하나님보다 조금 못하게 하시고 영화와 존귀로 관을 씌우셨나이다"(시 8:5)라는 고백은 무슨 뜻일까요? 영화와 존귀가 허락된 신자의 운명인데, 왜 잠시 동안은 고난과 비명과 분노가 이글거리는 현실을 걸어야 할까요?

이 부분을 이해하기 위해 '사람이 무엇이기에'라는 구절을 살펴봅시다. 시편 8편 4절에 나온 '사람이 무엇이기에'라는 표현은 인간의 운명과 존재 가치에 대한 환희가 감사로 터져 나온 고백입니다. 이 구절은 욥기 7장에도 나옵니다. 그런데 의미와 맥락은 사뭇 다릅니다. 욥기 7장에 있는 '사람이 무엇이기에'는 통한의 감정에서 터져 나오는 비명입니다.

사람이 무엇이기에 주께서 그를 크게 만드사 그에게 마음을 두시고 아침마다 권징하시며 순간마다 단련하시나이까 주께서 내게서 눈을 돌이키지 아니하시며 내가 침을 삼킬 동안도 나를 놓지 아니하시기를 어느 때까지 하시리이까 사람을 감찰하시는 이여 내가 범죄하였던들 주께 무슨 해가 되오리이까 어찌하여 나를 당신의 과녁으로 삼으셔서 내게 무거운 짐이 되게 하셨나이까 (욥 7:17-20)

욥기는 '하나님이 잘해 주지 않아도 욥이 믿음을 지킬 것인가'라는 주제로 하나님과 사탄이 한 내기에서 시작합니다. 사탄은 기세등등하게 욥을 찾아가 괴롭힙니다. 욥의 자녀들과 재산을 다 치고 또 욥의 몸에 종기가 나게 하여 괴롭힙니다. 욥은 영문을 모르는 재앙 속에서 울부짖습니다. 욥의 세 친구들은 하나님이 이유 없이 벌을 내리시는 일은 없다며 그를 비난하고 괴롭힙니다. 욥은 자신이 잘못한 게 없는데도 이런 고난을 겪는다며 항변합니다.

결국 하나님이 욥을 만나 주시는 것으로 욥의 문제가 해결됩니다. 하나님이 욥에게 천하 만물을 보이시며 창조 세계의 신비와 위엄과 아름다움을 소개하자, 욥은 항복합니다. 우리는 보통 이 대목에서 하나님의 크심을 보자 욥은 할 말이 없어졌다는 식으로 결말을 끌고 가는데, 실은 그보다 더 깊은 의미가 있습니다.

하나님이 사탄의 제의를 승낙하신 데는 단순히 욥이 신앙을 지키느냐 안 지키느냐를 보여 주는 차원을 넘어, 훨씬 더 큰 문제가 걸려 있었습니다. 어떤 문제일까요? 사탄이 내건 시험으로 미루어 보면, 사탄은 욥을 대단하게 여기지 않는 것이 분명합니다. 사탄에게 욥은 그저 하나님한테 잘 보여서 잘 먹고 잘사는 게 전부인 사람에 불과합니다. 그러나 하나님은 다릅니다. "나는 인간을 한갓 등 따시고 배부르면 만족하는 그렇고 그런 존재로 만들지 않았다. 내가 창조주로서 어떤 목적을 가지고 이 세계를 만들고 다스렸는지 아느냐? 내가 인간에게 얼마나 영광스러운 지위와 역할을 부여했는지 아직도 모르겠단 말이냐? 그럼 어디 한번 그 사실을 확인해 보자."

그래서 욥은 시험을 받습니다. 잘못한 게 없으나 달달 볶입니다. 우리 현실에서도 마찬가지로 일어나는 일입니다. 우리가 잘못한 게 뭐가 있습니까? 예수를 믿고 있고, 교회도 잘 다니고 있고, 헌금도 잘하고 있습니다. 그런데도 하나님은 우리를 볶으십니다. 세상의 것으로 만족하고 제자리에 안주하고 싶어 하는 생각의 틀을 깨뜨려서 우리를 더 나아가게 하려고 그러십니다. 그런 하나님의 도전이 우리를 쉬지 못하게 합니다. 욥에게 그랬듯이 말입니다.

우리는 하나님에게 자꾸 타협을 시도합니다. "하나님, 원하는 것이 있으면 빨리 말씀하십시오. 갚을 것 다 갚고, 낼 것 다 낼 테니 이제 더는 고민하지 않는 여생을 주십시오." 이것이 우리의 소원입니다. 하나님은 그렇게는 못 하겠다고 하십니다. "너희는 사탄이 평가한 정도에 머물러 있을 존재가 아니다. 내가 목적한 인간의 가치는 겨우 그 정도에 불과한 것이 아니다. 너는 이것보다 더 나아가야 한다."

이런 맥락을 따라 하나님이 예수를 통해 죽음을 이기셨다는 말의 의미를 생각해 봅시다. 단순히 소멸이나 비극이 힘을 못 쓰게 하는 방식으로 해결한다는 의미가 아닙니다. 그 길을 우리가 실제로 걷도록 계속 인도하신다는 것입니다. 죽음이라는 자리는 모든 인생이 소멸되어 끝장나 버리는 헛된 곳이었습니다. 그러나 하나님은 죽음을 통과하신 예수를 통해 '너희는 이것으로 끝장나는 존재가 아니다'를 우리에게 보여 주십니다. 그리하여 우리 마음속에 일어나는 '죽으면 그만이다. 우리는 다만 일회성으로 끝나는 인생이다'라는 체념, 거기에서 비롯한 타협에 맞서게 하십니다.

하나님의 후사인 인간

다시 본문 말씀으로 돌아와 보면, 하나님의 후사는 천사들이 아니라 인간입니다. 인류가 하나님의 자녀입니다. 그래서 하나님은 아브라함의 자손들을 붙들어 주려는 것입니다. 그런데 왜 하필 여기에 아브라함의 자손이 등장할까요? 아브라함이 믿음의 조상이기 때문입니다. 로마서 4장에는 믿음의 조상으로 불리는 아브라함의 인생이 우리에게 중요한 이유가 이렇게 소개되어 있습니다.

그러므로 상속자가 되는 그것이 은혜에 속하기 위하여 믿음으로 되나니 이는 그 약속을 그 모든 후손에게 굳게 하려 하심이라 율법에 속한 자에게뿐만 아니라 아브라함의 믿음에 속한 자에게도 그러하니 아브라함은 우리 모든 사람의 조상이라 기록된 바 내가 너를 많은 민족의 조상으로 세웠다 하심과 같으니 그가 믿은 바 하나님은 죽은 자를 살리시며 없는 것을 있는 것으로 부르시는 이시니라 (롬 4:16-17)

하나님이 그에게 약속하십니다. "너는 많은 민족의 조상이 될 것이다. 내가 네 자손을 하늘의 별같이 바다의 모래같이 모을 것이다. 이 일을 바로 네게서부터 시작할 것이다."

그런데 아브라함이 믿은 하나님은 없는 것을 있는 것같이 부르시며, 죽은 자를 살리시는 창조와 부활의 하나님입니다. 그러니 기억하십시오. 아브라함은 믿음이 좋거나 신앙이 훌륭하여 쓰임 받은 것이 아니라는 사실을 말입니다. 그저 아브라함은, 없는 것에서 있는 것을 만드시는 하나님의 일하심의 첫 번째 수혜자일 뿐입니다.

아브라함은 창조의 은혜를 받았을 뿐만 아니라, 부활의 은혜도 받았습니다. 부활의 은혜가 나타난 가장 좋은 증거는 이삭에게서 발견됩니다. 하나님은 아브라함을 통해 수없이 많은 후손을 주겠다고 약속하셨지만, 뜻밖에도 아브라함과 그의 아내인 사라는 자식이 없었습니다. 사라는 자기 여종인 하갈을 통해 아이를 낳자고 합니다. 그렇게 이스마엘을 얻습니다. 그런데 하나님이 오셔서 "이스마엘은 너의 후사가 아니다. 사라가 낳은 자식이 네 후사다"라고 하십니다. 그때 사라의 나이가 구십 세였습니다. 출산할 나이가 한참 지났습니다. 그런데도 사라가 낳은 아이로 후사를 세울 것이라는 약속이 '내년에 네가 아들을 안을 것이다'라고 더 구체적으로 주어지자, 사라가 문 뒤에서 듣고 웃습니다. 하나님이 "사라야, 네가 웃었다"라고 하시자, 사라는 "안 웃었습니다" 하고 우깁니다. 그러자 하나님이 "아니다. 너 웃었다. 내가 봤다. 네가 아들을 낳으면 이름을 이삭이라고 지어라"라고 하십니다. '이삭'이라는 이름의 뜻은 웃음입니다. 그런데 사라의 웃음은 비웃음이었습니다. 말이 안 된다고 생각해서 나온 웃음이었을 것입니다. 그런데 일 년 후 사라는 아이를 낳습니다.

창조와 부활의 증거인 이삭

사라가 아이를 낳은 일은 창조입니다. 가질 수 없는 아이를 낳았으니 창조입니다. 이처럼 이삭은 존재 자체로 중요한 증언을 한 셈입니다. 하나님이 비웃음을 웃음으로 만드셨습니다. 그렇게 아브라함의 신앙은 깊어집니다. 그러자 무엇을 요구하십니까? 하나님이 "네 아들을 잡아서 나에게 바치라"라고 하십니다. 이 명령을 들은 아브라함은 이삭을 데리고 모리아 산으로 갑니다.

하나님은 창조의 증거인 이삭을 왜 잡으라고 하셨을까요? 우리의 현실이 그렇기 때문입니다. 우리 인간은 하나님이 창조하신 그 목적을 만족시키는 일에서 실패했습니다. 자유와 책임으로 가지 못했습니다. 하나님이 아브라함에게 이삭을 잡으라고 하신 명령은 곧 실패한 창조를 잡으라고 하신 것입니다.

그런데 결국 그렇게 하실 거였다면, 하나님은 왜 이삭을 주셨을까요? 하나님은 우리의 못남과 실패를 다 없애 버린 다음 새로 만드는 방식으로 일하지 않으십니다. 우리가 저지른 일까지 포함하여 부활을 만드십니다. 바로 이것을 이삭을 바친 사건에서 보여 주십니다. "이삭을 잡아라." 아브라함이 그대로 합니다. 그런데 하나님이 "멈춰라. 네가 여기까지 따라왔으니 됐다"라고 하십니다. 이 자리까지 이르러야 합니다.

창조가 죽음을 불렀습니다. 모든 목적이 담긴, 우리의 영광이 기원된 가장 중요한 일이 실패한 것입니다. 그런데 하나님이 그걸 되살리십니다. 어떻게 되살리십니까? 우리의 실패가 우리에게 보여 준 결과를 지나오게 함으로써, 십자가를 지고 가는 예수의 생애에서뿐만 아니라 우리 생애에서도 일어나는 온갖 일을 통하여 죽음이 우리에게 들이대는 위협과 우리가 하나님을 따라가지 못해 자초한 이 재앙들을 통과하게 하십니다. 하나님은 창조가 원래 목적했던 것을 이루기 위하여 거기에 우리의 실패까지 담아내어 부활로 끌고 가십니다.

그래서 이삭에게는 창조와 부활이 있습니다. 하나님은 우리 생애에 창조를 허락하시고 우리가 실패하여 자초한 모든 재앙을 뒤집으셔서 우리를 다시 하나님의 자녀 된 영광으로 이끌어 가십니다. 즉 하나님이 개입하신 십자가와 부활로 말미암아 우리 생애는 영광과 자랑의 자리에 이르는 과정을 가지게 된 것입니다.

질문하기

1.

욥이 사탄에게 시험받은 이유는 무엇입니까?

2.

하나님이 예수를 통해 죽음을 이기셨다는 말은 어떤 뜻입니까?

3.

하나님이 이삭을 잡으라고 하신 명령은 무슨 뜻입니까?

나누기

하나님이 우리가 실패하여 자초한 모든 재앙을 뒤집으셔서 우리를 다시 하나님의 자녀 된 영광으로 이끌어 가시는 일을 경험한 적이 있다면 함께 나누어 봅시다.

그가 시험을 받아 고난을 당하셨은즉

11 거룩하게 하시는 이와 거룩하게 함을 입은 자들이 다 한 근원에서 난지라 그러므로 형제라 부르시기를 부끄러워하지 아니하시고 12 이르시되 내가 주의 이름을 내 형제들에게 선포하고 내가 주를 교회 중에서 찬송하리라 하셨으며 13 또 다시 내가 그를 의지하리라 하시고 또 다시 볼지어다 나와 및 하나님께서 내게 주신 자녀라 하셨으니 14 자녀들은 혈과 육에 속하였으매 그도 또한 같은 모양으로 혈과 육을 함께 지니심은 죽음을 통하여 죽음의 세력을 잡은 자 곧 마귀를 멸하시며 15 또 죽기를 무서워하므로 한평생 매여 종 노릇 하는 모든 자들을 놓아 주려 하심이니 16 이는 확실히 천사들을 붙들어 주려 하심이 아니요 오직 아브라함의 자손을 붙들어 주려 하심이라 17 그러므로 그가 범사에 형제들과 같이 되심이 마땅하도다 이는 하나님의 일에 자비하고 신실한 대제사장이 되어 백성의 죄를 속량하려 하심이라 18 그가 시험을 받아 고난을 당하셨은즉 시험 받는 자들을 능히 도우실 수 있느니라 3:1 그러므

05

로 함께 하늘의 부르심을 받은 거룩한 형제들아 우리가 믿는 도리
의 사도이시며 대제사장이신 예수를 깊이 생각하라 2 그는 자기
를 세우신 이에게 신실하시기를 모세가 하나님의 온 집에서 한 것
과 같이 하셨으니 3 그는 모세보다 더욱 영광을 받을 만한 것이
마치 집 지은 자가 그 집보다 더욱 존귀함 같으니라 4 집마다 지
은 이가 있으니 만물을 지으신 이는 하나님이시라 5 또한 모세는
장래에 말할 것을 증언하기 위하여 하나님의 온 집에서 종으로서
신실하였고 6 그리스도는 하나님의 집을 맡은 아들로서 그와 같
이 하셨으니 우리가 소망의 확신과 자랑을 끝까지 굳게 잡고 있으
면 우리는 그의 집이라 (히 2:11-3:6)

영광을 만들어 낼 수 없는 인간

기독교 신앙의 핵심은 예수입니다. 예수는 우리의 구원을 위하여 육신을 입고 이 땅에 오셔서 우리와 같은 생애를 살다가 십자가에 죽으시고 부활하신 분입니다.

우리는 이 일에 대해 '도대체 신이 인간으로 올 필요가 무엇이냐? 신이면 모든 문제를 해결할 수 있어야 할 것 아니냐? 창조와 부활의 권능으로 기적을 일으키실 수 있는 분이 왜 굳이 인간의 몸을 입고 이 땅에 들어오셔야 하는가? 그렇게 구차하게 인간이 되어 들어와 구원을 이야기하고 복음을 이야기하는 것은 불필요한 과정이 아닌가?' 하는 질문이 생깁니다. 이런 질문은 '죽음을 이기고 모든 권세를 가지신 신이 우리를 불렀는데, 왜 우리는 아직 고난 속에 있으며 비명을 지르는 현실을 살아야 하는가?'라는 또 다른 질문으로 우리를 이끌어 갑니다. 이에 대해 성경은 이미 답을 했는데, 우리가 아직 못 알아듣고 있습니다.

하나님이 인간을 찾아오시고 인간에게 구원을 베푸셔야 했던 중요한 이유를 로마서 3장에서는 이렇게 이야기합니다.

> 모든 사람이 죄를 범하였으매 하나님의 영광에 이르지 못하더
> 니 (롬 3:23)

성경은 하나님이 목적하신 창조의 자리, 영광의 자리에 우리가 이르지 못했다, 우리가 죄를 지었기 때문이다, 라는 관점에서 죄를 말하고 있습니다. 여기서 죄란 '영광에 이르지 못한 것, 영광에 미흡한 것'을 말하지, 도덕성의 결핍이 그 본질은 아닙니다. 도덕성의 결핍은 죄의 증상 중 하나일 뿐입니다. 핵심은 영광에 미달하는 것입니다. 따라서 '죄 없음'은 도덕을 비켜 가는 것이 아니라, 도덕을 넘어서는 것입니다. 도덕성은 죄가 무엇인지에 대해 소극적 기준으로 제시한 잣대일 뿐이고, 영광은 도덕성이 이를 수 없는 더 높은 목적지입니다. 영광에 이르지 못한 인간의 현실에 대해 로마서 1장 28절 이하에서는 이렇게 이야기합니다.

> 또한 그들이 마음에 하나님 두기를 싫어하매 하나님께서 그들
> 을 그 상실한 마음대로 내버려 두사 합당하지 못한 일을 하게
> 하셨으니 곧 모든 불의, 추악, 탐욕, 악의가 가득한 자요 시기,
> 살인, 분쟁, 사기, 악독이 가득한 자요 수군수군하는 자요 비방
> 하는 자요 하나님께서 미워하시는 자요 능욕하는 자요 교만한
> 자요 자랑하는 자요 악을 도모하는 자요 부모를 거역하는 자요

우매한 자요 배약하는 자요 무정한 자요 무자비한 자라 그들이 이같은 일을 행하는 자는 사형에 해당한다고 하나님께서 정하심을 알고도 자기들만 행할 뿐 아니라 또한 그런 일을 행하는 자들을 옳다 하느니라 (롬 1:28-32)

성경은 이처럼 인간이 자신의 정체나 실체를 드러낸 것은 모두 다 영광에 미치지 못한, 영광과는 상당한 거리가 있는 최악의 내용뿐이었다고 역사를 통해 증명합니다.

여기서 잠깐 이 부분에 대해 인문학이 내린 진단을 살펴봅시다. 인문학이 인간에 대해 내린 결론은 '인간에게 의로움이란 없다. 인간은 악함밖에 선택할 여지가 없는 존재이다'라는 것입니다. 인문학이란 인류의 정체성과 가치와 운명을 탐구하는 학문입니다. 이것이 인문학 즉 문학, 역사, 철학의 주제이고, 그 주제에 대해 인문학이 낸 답은 '공포'입니다. 이는 인류에 대한 역사의 증언을 통해 객관적으로 내린 답입니다. 그것이 공포인 것은, 인간은 인간이 항복할 만한 명예와 가치를 만들어 낼 수 있는 존재가 아니라는 사실을 확인했기 때문입니다. 꿈을 가지고 기대를 품고 이상을 추구한다고 해서 할 수 있는 게 아닙니다. 의지는 있으나 인간은 그것을 실현하지 못합니다.

인간의 좀 더 깊은 가치를 추구하는 일에 문학과 철학이 몸부림을 치고 있지만, 문학과 철학을 존립하게 하는 근본은 역사입니다. 역사란 무엇입니까? 진실입니다. 아니, 역사까지 거슬러 올라갈 것 없이 우리 현실이 그렇습니다. 인생에서 발견되는 진실이 무엇입니까? 우리는 꿈을 가졌으나 꿈을 이룰 실력이 없다는 것입니다.

인간이 인간의 가치와 영광을 만들어 내기 위해서는 그의 전 생애에 걸쳐서 그것을 본문으로 만들어 내고 실체화해야 합니다. 이 '본문'이라는 단어에 주목합시다.

서두에도 언급했듯이, 하나님이 우리에게 호의를 갖고 계시고 구원을 베푸실 거라면 그냥 신적 능력을 발휘하면 되지, 구차하게 인간의 몸을 입고 오셔서 세상에 좇아 들어올 필요가 있었는가, 쉽게 말해서 인간이 죄를 지었으면 심판해서 다 쓸어버리고 새로 만들면 되지 않는가 하는 생각이 듭니다. 사실, 이 방법이 제일 간단합니다.

그런데 하나님은 그렇게 하지 않고 하나님 당신이 육신이 되어 이 땅에 오십니다. 우리가 하나님에게 영광을 구하고 좀 더 가치 있는 인물이 되겠다고 결심할 때에 하나님이 오신 것이 아닙니다. '의인은 없나니 하나도 없으며 깨닫는 자도 없고 하나님을 찾는 자도 없고 다 치우쳐 함께 무익하게 되고 선을 행하는 자는 없나니 하나도 없'는 때, 즉 자기가 행한 일이 잘못인 줄 알면서도 그것밖에는 결론을 내지 못하는 그때, 하나님이 인간의 몸으로 세상에 오셨습니다.

성육신은 하나님의 본문

하나님이 구원을 베풀기 위하여 행하신 방법은 성육신입니다. 즉 하나님이 수치와 실패와 절망과 더러움이 가득한 사망이라는 운명을 기다려야 하는 조건 속에 인간의 몸을 입고 들어오셔서 구원을 이루어 낸 것입니다. 구원에 대해서 우리가 가장 먼저 기억해야 할 것은 하나님이 창조 세계에 대해 창조주로서의 책임을 이처럼 진지하게 수행하셨다는 사실입니다.

그러니 성육신은 하나님의 본문이 됩니다. 어떤 본문입니까? 바로 '하나님은 누구신가'라는 질문에 대한 답이 성육신입니다. 흔히 우리가 하는 신앙고백은 '예수를 믿는다'입니다. '예수를 믿는다'라는 말은 사실 하나님을 믿는다는 말인데, 이 고백에 담긴 깊은 의미는 '하나님의 하나님 되심을, 성육신으로 드러난 본문에 근거하여 하나님을 믿는다'라는 것입니다.

하나님은 당신이 만드신 인간, 그러나 아직 영광에 미치지 못하는 우리를 구원하시고 우리가 마땅히 받아야 할 형벌의 문제를 해결하기 위하여 창조의 목적을 포기하지 않으십니다. 하나님은 신적 해결책 즉 보좌에 앉아 계신 채로 다만 명령을 내리거나 규칙을 바꾸거나 기적을 펼쳐 쉬운 결말로 해결하지 않으십니다. 우리를 항복시키고 납득시키기 위해 당신이 기꺼이 오해받는 길을 선택하셨습니다. 편견과 절망 속에서 폭력밖에 휘두를 줄 모르는 자들의 손에 당신의 생애를 맡기는 방법으로 하나님은 당신을 증명하셨습니다. 하나님은 유한한 육신의 생애와 죄인들의 오해와 폭력 속에 들어와 기꺼이 죽으심을 당신의 본문으로 삼으셨습니다. 그렇게 자신을 증명하신 것입니다. 이것이 성육신입니다.

성육신이 구원인 이유는 무엇입니까? 하나님이 인류에게 목적하신 궁극적 자리가 육신을 입고 오신 예수를 통해 드러나기 때문입니다. 우리가 하나님을 외면해서 갖게 된 결말은 절망뿐이었습니다. 우리는 영광을 만들어 낼 실력도, 생명을 복되게 할 실력도 갖추지 못하였습니다. 나무에서 분리된 가지처럼 말라 죽을 수밖에 없는 운명에 처하게 된 것입니다. 그러나 예수께서 몸소 그 속에 찾아와 하나님이 목적하신 생명과 인간의 정체성이 얼마나 복된가를 증명하십니다. 절망, 분노, 원망, 더러움, 부끄러움밖에 만들 수 없는 인류에게 여기 한 인간이 모든 인류를 대표하여 하나님이 목적하신 인간의 가치를 드러내십니다. 용서, 구원, 회복, 섬김으로 우리가 만든 죽음을 받아 내셔서 죽음을 뒤집으십니다. 죽음이 끝이 아닌 자리, 죽음을 넘어 죽음을 반전하는 부활이라는 영광의 자리까지 인간의 운명을 뒤집으십니다. 그리하여 사망이 끝인 인생, 원망할 수밖에 없고, 절망할 수밖에 없고, 체념하거나 자폭할 수밖에 없는 우리의 선택을 뒤집으십니다. 사망이 끝이 아니고 사망을 지나 부활이 있다는 약속 속에서 그 선택의 폭을 넓히십니다. 아니 선택의 우위가 생겨나게 하십니다.

본문을 담는 자리

지금 우리의 실력으로 예수님같이 될 수 있으리라 생각하지 마십시오. 더욱 놀라운 것은 우리가 예수님같이 굴어도 세상은 우리를 십자가에 못 박을 거라는 사실입니다. 그런데 왜 자꾸 아무 갈등도 일어나지 않는 상태를 원하느라 지금 해야 하는 일, 지금

발휘해야 할 나의 실력, 지금 직면해야 할 현실을 외면합니까? 아무 일도 일어나지 않을 환경을 원한다면, 결국 할 수 있는 일은 자살밖에 없습니다.

다른 종교에서는 "네가 죽어야 해. 네가 죽으면 온갖 번뇌가 없어질 것이다"라고 말합니다. 정직한 지적입니다. 그런데 여기에는 인간 됨의 적극적인 가치가 없습니다. 기독교는 우리를 다그쳐서 완벽한 사람으로 만들려고 하지 않습니다. 오히려 넘어져 보라고 합니다. "네 진실을 마주하고 세상의 진실에 직면하여라. 왜 하나님이 자신의 본문을 성육신과 십자가에 담았는지 생각해 보아라." 그렇게 이야기하는 것입니다. 고난이 고난으로 끝나지 않는 자리, 그 쓴 경험이 일하는 자리, 그래서 정말 원숙해지는 자리에 가는 것이 기독교 신앙이 요구하는 길입니다.

후회할 과거가 없다고 말하는 사람은 다 바보입니다. 제정신이면서 후회할 과거가 없다고 말할 수는 없습니다. 우리가 변명하며 얼버무릴 뿐이지, 후회할 과거 없이 만족하고 있다면 더는 진전이 없는 인생입니다. 지금도 죽음이 곁에 와 있습니다. 그러니 우리는 "이렇게 사는 게 전부인가? 나는 무엇인가?"와 같은 질문을 계속해야 합니다. 더 가야 하기 때문입니다.

예수님마저 이렇게 기도하셨습니다. "아버지여, 이만하면 되지 않습니까?" 그러자 하나님이 "아니다. 더 가자"라고 하십니다. "아버지, 더 가면 아버지에게 수치가 되지 않습니까?" 이것이 겟세마네 기도입니다. "신이 인간의 손에 죽는다면, 아버지의 영광을 가리는 것 아닙니까?" "괜찮다. 더 가자." 이것이 십자가의 길입니다.

우리 인생에 일어나는 불만이나 원망이나 분노가 일을 할 것입니다. 그 모든 것이 손해가 아닙니다. 결국 우리에게 유익하게 작용할 것입니다. 하나님은 당신을 무엇으로 증명하셨습니까? 우리 인생에 친히 들어오신 것으로 증명하셨습니다. "나는 이런 하나님이다." 우리는 어떻게 해야 할까요? 거기 들어오셔서 만들어 낸 부활과 영광을 보며, 섬기는 영광, 용서하는 영광, 감사하는 영광으로 가야 합니다.

질문하기

1.

죄의 본질은 무엇입니까?

2.

인문학이 낸 답이 '공포'인 이유는 무엇입니까?

3.

기독교 신앙이 요구하는 길은 어떤 것입니까?

나누기

최근에 자신이나 다른 이들을 통해 '섬기는 영광, 용서하는 영광, 감사하는 영광'을 경험한 적이 있다면 함께 나누어 봅시다.

너희 마음을
완고하게
하지 말라

7 그러므로 성령이 이르신 바와 같이 오늘 너희가 그의 음성을 듣거든 **8** 광야에서 시험하던 날에 거역하던 것 같이 너희 마음을 완고하게 하지 말라 **9** 거기서 너희 열조가 나를 시험하여 증험하고 사십 년 동안 나의 행사를 보았느니라 **10** 그러므로 내가 이 세대에게 노하여 이르기를 그들이 항상 마음이 미혹되어 내 길을 알지 못하는도다 하였고 **11** 내가 노하여 맹세한 바와 같이 그들은 내 안식에 들어오지 못하리라 하였다 하였느니라 **12** 형제들아 너희는 삼가 혹 너희 중에 누가 믿지 아니하는 악한 마음을 품고 살아 계신 하나님에게서 떨어질까 조심할 것이요 **13** 오직 오늘이라 일컫는 동안에 매일 피차 권면하여 너희 중에 누구든지 죄의 유혹으로 완고하게 되지 않도록 하라 **14** 우리가 시작할 때에 확신한 것을 끝까지 견고히 잡고 있으면 그리스도와 함께 참여한 자가 되리라 **15** 성경에 일렀으되 오늘 너희가 그의 음성을 듣거든 격노하시게 하던 것 같이 너희 마음을 완고하게 하지 말라 하였으니 **16** 듣

고 격노하시게 하던 자가 누구냐 모세를 따라 애굽에서 나온 모든 사람이 아니냐 **17** 또 하나님이 사십 년 동안 누구에게 노하셨느냐 그들의 시체가 광야에 엎드러진 범죄한 자들에게가 아니냐 **18** 또 하나님이 누구에게 맹세하사 그의 안식에 들어오지 못하리라 하셨느냐 곧 순종하지 아니하던 자들에게가 아니냐 **19** 이로 보건대 그들이 믿지 아니하므로 능히 들어가지 못한 것이라 (히 3:7-19)

o

순종과 시간

본문 말씀은 출애굽 사건을 예로 들어 박해와 어려움 속에서 당황하고 실족하고 머뭇거리는 히브리서의 수신인 곧 초대교회 교우들을 힘 있게 격려하고 있습니다. 여기서 주목할 내용은 출애굽 당시, 큰 기적 속에 구원을 얻은 이스라엘 선조들이 광야 생활을 하는 동안 불순종하여 가나안에 들어가지 못하고 광야에서 죽어 나갔다는 사실입니다.

순종은 예수를 믿는 사람들에게 늘 요구되는 성경의 명령입니다. 흔히들 '믿음이 없어서 순종하지 못했다'라는 말을 씁니다. 순종은 분명 믿음의 행위이고, 믿음은 순종으로 드러납니다. 그런데 많은 경우에 그렇듯이, 당연한 결론을 강조한다고 해서 사람이 반드시 그대로 행하지는 않습니다. 당연한 결론을 자기 것으로 만드는 데에는 수많은 시행착오가 필요합니다.

이를 위해서 성경은 시간과 과정과 훈련이 필요하다고 말씀하는데, 성도 대부분은 시간이 안 드는 판별이나 결론, 보상 같은 것을 원합니다. 이렇게 시간성을 외면하면, 실패와 과정이 만들어 내려는 것이 무엇인지 놓치게 되고 깊은 안목을 기를 수 없게 됩니다. 이런 안목 없이 이스라엘 백성의 실패를 논하는 것은 아무런 의미가 없습니다. 그래서 본문 14절에 있는 "우리가 시작할 때에 확신한 것을 끝까지 견고히 잡고 있으면 그리스도와 함께 참여한 자가 되리라"라는 권면은 당연하면서도 어렵습니다.

첫사랑, 첫 믿음, 첫 다짐, 첫 마음과 같은 단어가 있는 것은 인간이 한결같지 않아서입니다. 늘 변하고, 또 변하기 쉬운 존재라는 사실을 우리 자신이 잘 압니다. 본문이 인용한 출애굽 사건을 보면 더욱 이해가 됩니다. 하나님은 이스라엘 백성을 애굽에서 꺼내셨지, 그들에게 애굽을 주시지 않았습니다. 아마 이스라엘 백성들은 여기서부터 일이 꼬였다고 느꼈을 것입니다. 우리 생각에는 하나님이 바로를 죽이신 다음, 이스라엘 백성 편에 서서 그들을 잘 대변해 줄 수 있는 권력자를 세워 고충을 해결해 주고 비옥한 땅에서 잘 먹고 잘살게 했으면 문제가 없었을 것 같습니다. 그런데 하나님은 그들에게 애굽을 주시는 대신 약속의 땅으로 가라고 하십니다.

애굽에서 약속의 땅 가나안까지는 거리가 상당히 떨어져 있습니다. 그 사이는 광야 지대인데, 이스라엘 백성이 이 광야를 지나 가나안으로 들어가는 동안 여러 일을 겪습니다. 여행의 고단함, 광야 생활의 불편함, 먹을 것과 마실 것이 없는 궁핍함, 기약 없는 막막함 같은 것이 이스라엘 백성에게 큰 시험거리가 됩니다. 그래서 이스라엘 백성은 큰 기적을 본 후 해방되어 찬송과 기쁨으로 출애굽 여정을 시작했으면서도 계속 푸념과 절망을 늘어놓고 비명을 질러 댑니다. "우리를 왜 꺼내 줬느냐? 거기서 종살이하는 게 나았다."

이는 주목해서 봐야 할 중요한 반응입니다. '무엇으로부터의 해방'이 '무엇을 위한 해방'으로 이어지지 않으면, 자유라는 것은 사실 덧없습니다. 공포나 압제로부터의 해방은 당연하지만, 공포와 압제에서 벗어나 만족할 수 있는 자랑스러운 자리로 가는 해방이 아니라면, 그런 구원이 아니라면, 그런 자유가 아니라면, 전보다 나을 것이 없습니다.

순종해야 한다, 열심히 믿어야 한다, 모두 맞는 말입니다. 그런데 믿음을 동원하여 순종했고 무지와 거역, 비열함과 죄악된 생각들을 끊고 헌신했음에도 애굽에서 구원을 받아 옮겨진 곳이 광야에 불과하다면, 우리는 자신의 믿음이 잘못된 건지, 믿는 것이 무슨 소용인지 막막하기만 할 것입니다.

그러니 이 사건에 대해 우리는 좀 더 깊은 차원에서 생각할 필요가 있습니다. 성경에서 가장 중요한 선언인 '예수를 믿으면 구원을 얻는다'라는 말이 은혜로 다가옵니까, 그렇지 않으면 책임으로 다가옵니까? 이렇게 바꿔 질문해 볼 수 있습니다. '예수를 믿으라'라는 말은 책임입니까, 은혜입니까? '예수'가 나오면 무조건 은혜에 관한 이야기입니다. 당연합니다. 그러면 왜 '예수로 말미암는 은혜를 받으라'라고 이야기하지 않고 '예수를 믿으라'라고 이야기할까요?

믿음, 책임과 은혜

믿음은 우리에게 어떤 뉘앙스로 다가옵니까? 책임입니까, 은혜입니까? 은혜가 무엇인지는 우리 모두 압니다. 그러나 성경은 예수를 말하면서 '은혜를 받으면'이라고 표현하지 않고, '믿으면'에 연결하여 책임의 요소가 있음을 분명히 밝히고 있습니다. 그러니 책임을 논하면 은혜가 사라지고, 은혜를 말하면 책임을 회피하는 이 문제가 우리를 당황스럽게 합니다. 모순에 빠진 듯 막막합니다.

믿음은 '은혜가 책임을 요구한다'라는 말에서 나온 단어입니다. 이런 말은 은혜와 책임 중 어느 쪽 역할이 큰가를 동일한 평면에 놓고 분할하자는 것이 아닙니다. 은혜로 시작했는데, 은혜는 책임을 목적하고 있습니다. 믿음에는 분명히 책임적 요소가 있는데, 책임은 하나님이 시작하신 일이 만들어 내는 궁극적 목적지입니다. 출애굽 사건을 예로 들어 설명하면, 구원은 애굽에서 해방되어 가나안에 들어가 하나님 나라를 건설하는 것입니다. 그런데 애굽에서 해방되는 일은 백 퍼센트 은혜로 이루어집니다. 하나님이 다 하십니다. 열 가지 재앙을 내리고, 홍해를 가르고, 반석에서 물을 내고, 만나를 먹이셨습니다. 그러나 가나안에 들어가는 일만큼은 순종이 있어야 가능합니다. 놀랍지 않습니까? "아니, 애굽을 다 작살내고 꺼내셨으면, 우리를 그냥 보따리에 싸서 가나안에 택배로 부쳐 버리시지, 좀 불순종했다고 광야에서 다 죽여 버리시는 겁니까?" 이런 이스라엘 백성의 불평에 대해 하나님이 말씀하십니다. "그때 내가 진노했다. 너희는 그 땅에 못 들어간다고 내가 경고했다."

성경은 이 책임을 우리가 이해하기 쉽게 '너희가 책임져라'라는 식으로 이야기하지 않고 '믿음'이라고 이야기함으로써, 은혜와 믿음이 어떻게 시작과 결론으로 묶여 있는가를 신비하게 풀어냅니다. 그래서 책임은 가나안에 들어가는 조건보다 더 큰, 가나안에 들어가는 일의 본질이 됩니다.

하나님이 예수를 보내어 당신이 누구시며, 하나님이 인류에게 두신 목적이 무엇인지를 증명하셨습니다. 이것이 성육신입니다. 하나님은 우리를 위하여, 우리의 하나님이신 당신이 누구인가를 분명히 납득시키기 위하여, 우리와 방불한 모습으로 우리의 조건 속에 우리의 가장 막다른 골목까지 내려오실 수 있는 그런 하나님입니다. 그렇게 우리를 찾아오신 것은 하나님의 자기 증명을 위해서가 아닙니다. 우리의 영광과 운명의 승리를 위하여, 우리라는 존재의 가치와 정체성을 알려 주기 위해 성육신을 택하신 것입니다. 그분이 우리에게 은혜를 베푸시는 것은 우리로 하나님의 자녀답게 살게 하려고 당신의 모든 능력을 동원하시는 것이지만, 동시에 그것은 우리에게 하나님의 영광이 되라는 것이기도 합니다. 이 영광의 최고 내용이 무엇입니까? 책임입니다.

책임이라는 말은 어려운 단어입니다. 자신의 능력과 자랑을 이야기하는 자리가 아닙니다. 우리라는 존재가 자발성을 가지고 하나님에 대한 항복과 기쁨과 순종을 자신의 가장 중요한 본질로 가지겠다는 마음으로 서 있는 자리를 성경은 '책임'이라고 말합니다.

고난과 하나님의 진심

예수님은 공생애 사역 초기에 광야에서 기도하고 준비하는 중에 시험을 받습니다. 이 돌들로 떡을 만들어라, 성전에서 뛰어내려 보아라, 사탄에게 절해라와 같은 시험입니다. 예수님은 모두 거부하십니다. 떡에 매인 인생을 거부하시고, 진정한 목적과 내용은 외면한 채 모든 문제를 해결하라고 아우성치는 거짓과 기만에 붙잡힌 것들을 거부하십니다. 그래서 어떻게 됩니까? 하나님의 일이 유한한 정황과 조건 속에서 이루어지는 것을 감수하십니다.

'내게 절하면 천하 만물을 주겠다'라는 사탄의 제안을 다만 거부하는 정도에 그친 것이 아니라, 그렇게 도전하고 위협하는 존재를 놔둔 채, 그 조건과 정황 속에서 아버지의 일을 하십니다. 여러 가지 시험을 다 받으시고 고난을 겪으십니다. 예수에게 와서 덤비고, 조롱하고, 기어코 예수를 팔아넘겨 채찍질하고 십자가에 달아매는 세상에서 말입니다. 그 모든 것이 다만 해결되는 것으로 끝나지 않고 우리의 상상을 벗어난 더 놀라운 일로 하나님이 예수 안에서 증언하셨습니다. 하나님이 우리 인생에서 지금도 그 일을 하고 계십니다.

믿음이 무엇이라고 했습니까? 은혜가 우리를 어디로 이끈다고 했습니까? 책임으로 나아가게 합니다. 하나님이 도전해 오시는 "너는 어떤 존재냐? 너는 무엇으로 만족할 것이냐? 네 가치는 어디까지냐? 네 기대는 무엇이냐? 네가 소원하는 것과 내가 너를 통해 이루려는 것의 차이가 무엇이냐?"라는 물음에 대해 우리는 "하나님, 저 죽을 것 같습니다"라며 엄살 부리기 일쑤입니다. "너희는 아느냐. 내 아들을 내가 못 박았다. 나와 너희 중에 누가 더 진정성을 가진 것 같으냐? 억울한 것으로 치면 누가 더 억울할 게 많을 것 같으냐? 내가 너희에게 언제 대가를 요구한 적 있더냐? 다 너 훌륭해지라고 이러는 것이다. 나는 이 일을 절대 타협하지 않는다. 아직도 모르겠느냐? 너 죽어 볼래? 너는 죽고 싶어도 맘대로 죽지 못하는 존재다. 기억해라." 이렇게 말씀하시는 하나님의 진심을 기억하십시오.

그래서 우리가 예수를 믿습니다. 이는 우리의 자랑이자 명예입니다. 이 자리를 바로 이해하지 못하면, 우리는 실제로 신앙생활을 할 수도 없고, 평안한 얼굴을 만들 방법이 없습니다. 그건 우리에게 손해입니다. 자신의 인생을 살아 내지 못하는 아무것도 아닌 존재가 되는 것입니다. 그런 망신일랑 당하지 말고, 주어진 대로 위대한 인생을 사는 하나님의 자녀가 되십시오.

질문하기

1.

믿음이 순종으로 드러나기 위해 우리에게 필요한 것들은 무엇입니까?

2.

'은혜가 책임을 요구한다'라는 말에서 나온 단어는 무엇입니까?

3.

우리라는 존재가 자발성을 가지고 하나님에 대한 항복과 기쁨과 순종을 자신의 가장 중요한 본질로 가지겠다는 마음으로 서 있는 자리를 성경은 무엇이라고 말합니까?

나누기

책임 있게 임해야 할 내 신앙의 '광야 지대'는 어디인지 자신의 삶을 돌아봅시다.

우리가 저 안식에
들어가기를
힘쓸지니

1 그러므로 우리는 두려워할지니 그의 안식에 들어갈 약속이 남아 있을지라도 너희 중에는 혹 이르지 못할 자가 있을까 함이라 **2** 그들과 같이 우리도 복음 전함을 받은 자이나 들은 바 그 말씀이 그들에게 유익하지 못한 것은 듣는 자가 믿음과 결부시키지 아니함이라 **3** 이미 믿는 우리들은 저 안식에 들어가는도다 그가 말씀하신 바와 같으니 내가 노하여 맹세한 바와 같이 그들이 내 안식에 들어오지 못하리라 하셨다 하였으나 세상을 창조할 때부터 그 일이 이루어졌느니라 **4** 제칠일에 관하여는 어딘가에 이렇게 일렀으되 하나님은 제칠일에 그의 모든 일을 쉬셨다 하였으며 **5** 또 다시 거기에 그들이 내 안식에 들어오지 못하리라 하였으니 **6** 그러면 거기에 들어갈 자들이 남아 있거니와 복음 전함을 먼저 받은 자들은 순종하지 아니함으로 말미암아 들어가지 못하였으므로 **7** 오랜 후에 다윗의 글에 다시 어느 날을 정하여 오늘이라고 미리 이같이 일렀으되 오늘 너희가 그의 음성을 듣거든 너희 마음을 완고하게 하

지 말라 하였나니 **8** 만일 여호수아가 그들에게 안식을 주었더라면 그 후에 다른 날을 말씀하지 아니하셨으리라 **9** 그런즉 안식할 때가 하나님의 백성에게 남아 있도다 **10** 이미 그의 안식에 들어간 자는 하나님이 자기의 일을 쉬심과 같이 그도 자기의 일을 쉬느니라 **11** 그러므로 우리가 저 안식에 들어가기를 힘쓸지니 이는 누구든지 저 순종하지 아니하는 본에 빠지지 않게 하려 함이라 **12** 하나님의 말씀은 살아 있고 활력이 있어 좌우에 날선 어떤 검보다도 예리하여 혼과 영과 및 관절과 골수를 찔러 쪼개기까지 하며 또 마음의 생각과 뜻을 판단하나니 **13** 지으신 것이 하나도 그 앞에 나타나지 않음이 없고 우리의 결산을 받으실 이의 눈 앞에 만물이 벌거벗은 것 같이 드러나느니라 (히 4:1-13)

창조와 구원

책임은 구원받는 조건이 아니고 구원의 목적입니다. 히브리서 3장에 언급된 출애굽 사건을 이해할 때 이 점을 주의해야 합니다. 출애굽은 구원의 완성이 아니라 시작이며, 가나안에 들어가는 것이 구원의 완성입니다. '가나안에 들어가지 못하고 중간에 광야에서 죽으면 지옥에 가는가?' 하는 질문은 여기서 중요하지 않습니다. 중요한 것은 구원의 목적이 가나안에 들어가는 데 있다는 점입니다. 히브리서 4장에서는 이를 '안식에 들어간다'라고 표현합니다. '너희는 안식에 들어갈 약속이 남아 있는 도상에 있다. 그러니 순종해라. 구원이 완성되는 자리까지 자라 가라'라고 권면합니다.

이제 출애굽 사건을 하나님의 창조와 연결하여 생각해 봅시다. 본문 말씀에도 등장하듯, 하나님은 엿새 동안 천지를 창조하시고 제칠 일에 안식하셨습니다. 창조를 이루신 다음 안식의 자리에 들어가신 것입니다. 그런데 이스라엘 백성은 출애굽 하여 구원을 얻었으나, 안식의 자리에는 들어가지 못했습니다. 성경은 그들이 안식에 들어가지 못한 이유를 불순종 때문이라고 지적합니다.

그렇다면 이런 질문이 등장합니다. '구원이 불완전한 상태로 이루어질 수 있는가?' 그럴 수 없습니다. 하나님이 안식하셨으므로 우리에게 주시려는 안식도 취소되지 않습니다. 그러면 이스라엘 백성이 가나안에 들어가지 못한 것을 어떻게 이해해야 하는가 하는 문제가 남습니다.

구원을 이루시는 일에 하나님이 모세를 세우시고 열 가지 재앙으로 바로를 꺾으시고 홍해를 가르시고 반석을 깨트려 물을 내시고 이스라엘 백성에게 만나와 메추라기를 먹이시며 구름기둥과 불기둥으로 인도하셨습니다. 하나님이 다 하셨습니다. 그런데 가나안에 들어가는 일만은 백성들의 선택에 맡기셨습니다.

하나님은 안식하고 계십니다. 창조를 이루셨고, 당신의 아들을 보내어 구원을 이루셨습니다. 그 아들이 우리를 위하여 십자가를 지고 부활하셨습니다. 그런데 그렇게 홀로 다 이루시고서도 순종과 책임이 필요한 역할을 우리에게 남겨 두셨습니다. 순종은 시키는 대로 따르면 그만인 것, 책임은 선택하여 맡으면 끝나는 간단한 것이 아닙니다. 종교적 윤리나 명분처럼 목청껏 소리치면 완성되는 것도 아닙니다. 우리 인생과 인류 역사에 반복하여 나타나는 하나님의 구원 사역에서, 하나님이 우리에게 늘 요구하시는 것이 순종이며 책임입니다.

신자의 인생에서 반드시 겪게 되는 과정은 무엇일까요? 구원은 받았으나 안식에는 이르지 못한 현실입니다. 하나님이 우리 인생에 고난을 두신 이유를 성경이 푸는 대로 이해하지 못하면, 우리는 신앙 인생을 살아 내지 못합니다. 체념하고 변명하거나 외면하고 얼버무릴 것입니다. 히브리서는 지금 여기를 찌르고 있습니다. 본문의 결론에 해당하는 12절과 13절에서 보듯, 하나님의 말씀은 어떤 검보다도 예리하여 우리의 생각을 찌르고 쪼개며 판단하실 것입니다.

구원받은 삶에서 고난을 이해하여 살아 내지 못하고, 변명하고 타협하고 외면하고 책임을 집어던지는 것은 하나님을 속이며 하나님의 뜻을 벗어나는 일이다, 그러니 고난을 제대로 살아 내라, 순종해라, 책임을 져라, 이렇게 말씀합니다.

순종하고 책임을 지는 일이 얼마나 어려운가는 우리가 매일 드리는 기도만 봐도 알 수 있습니다. "하나님, 제 뜻대로 마시고 주의 뜻을 이루시옵소서. 만일 주께서 원하지 않으시는 길을 제가 가려고 하거든 제 다리몽둥이를 부러뜨려 주옵소서." 그런데 하나님은 이런 기도에는 응답해 주지 않으십니다.

우리는 몰라서 잘못 가기도 하지만, 알면서도 바르게 행하지 못하고 실패를 반복합니다. 그러다가 결국 하나님에게 원망을 던집니다. 이것이 신앙 현실입니다. "하나님, 왜 이런 인생을 살게 하십니까?" 하나님은 우리에게 정답을 주는 대신 그런 인생을 살아 보라고 하십니다. 여기에 고난의 신비가 있습니다.

순종이나 믿음은, 현실적이고 구체적인 고난 속에 우리를 몰아넣으시는 하나님이 당신의 구원을 완성하시기 위해 우리에게 요구하시는 것들입니다. 그러니 체념하며 원망하느라 망연자실하는 삶이 답이 될 리 없습니다.

하나님이 이스라엘 백성을 애굽에서 꺼낸 다음 가나안으로 들어가는 일에 그들의 결단이나 책임을 요구하신 이유가 무엇일까요? 왜 하나님은 바로를 깨고 홍해를 갈라 이스라엘 백성을 강권했던 방법으로 그들을 가나안에 집어넣지 않으셨을까요? 가나안은 다만 지리적 목적지가 아니라, 실력을 갖추어야 이를 수 있는 곳이기 때문입니다. 즉 아름다운 열매를 맺기 위해 먼저 좋은 나무가 되어야 하는 문제입니다. 이는 다만 열매를 많이 맺는 실천에 관한 싸움이거나 명분에 관한 싸움이 아닙니다. 우리 존재 자체 즉 우리 자신이 목적인 문제입니다. 구원의 목적은 그런 열매를 만들어 낼 수 있고 그런 책임을 질 수 있는 우리 자신입니다. 이 일을 이루기 위하여 하나님은 우리의 수많은 시행착오를 기다려 주십니다. 반복되는 실패에도 불구하고 될 때까지 시간을 주십니다.

순종으로의 초대

성경은 예수님을 설명할 때에도 순종이라는 단어를 씁니다. 히브리서 5장 8절 이하의 말씀은 꼭 기억해야 할 구절입니다. '그가 아들이시면서도 받으신 고난으로 순종함을 배워서 온전하게 되셨은즉.' 왜 예수님은 고난을 받으셔야 했을까요? 고난으로 순종을 배워 온전하게 되셨다는 말은 무슨 뜻일까요? 예수님마저도 걸어야 했고 또 친히 걸으신 길이니 당연히 우리에게도 고난과 순종이 요구된다는 것입니다. 고난과 순종의 길이 예정된 예수님과 우리의 동일한 운명을 언급하는 말씀이 여기 있습니다. 요한복음 17장을 봅시다.

> 아버지여, 아버지께서 내 안에, 내가 아버지 안에 있는 것 같이 그들도 다 하나가 되어 우리 안에 있게 하사 세상으로 아버지께서 나를 보내신 것을 믿게 하옵소서 내게 주신 영광을 내가 그들에게 주었사오니 이는 우리가 하나가 된 것 같이 그들도 하나가 되게 하려 함이니이다 곧 내가 그들 안에 있고 아버지께서 내 안에 계시어 그들로 온전함을 이루어 하나가 되게 하려 함은 아버지께서 나를 보내신 것과 또 나를 사랑하심 같이 그들도 사랑하신 것을 세상으로 알게 하려 함이로소이다 (요 17:21-23)

성부 하나님과 긴밀한 연합 가운데에 계신 성자 하나님이신 예수께서 하나님을 외면하고 도망간 우리를 찾아오셨습니다. 그분의 찾아오심은 구원을 베풀어 우리를 천국에 들여보내고 마는 정도의 일이 아닙니다. 성부 하나님과 성자 하나님이 하나인 것처럼 가장 긴밀한 연합으로 우리 또한 부르십니다.

여기서 '하나'라는 것은 가장 긴밀한 연합을 의미합니다. 그러니까 예수님의 성육신은 하나님이 우리의 형편과 자리에 찾아오셔서 우리가 더는 혼자가 아니며, 우리가 있는 자리는 하나님이 늘 함께하신다는 것을 증명해 줍니다. 예수님은 정말 말도 안 되는 자리까지 오셨습니다. 우리를 위해 십자가까지 지셨으니 말입니다.

우리가 잘못을 저지를 때마다 하나님이 나를 외면하실 거라고 여기는 것은 십자가를 부인하는 생각입니다. '예수님은 십자가를 지실 필요가 없었다'라고 이야기하는 것은 하나님과 함께하지 않는 경우를 우리가 만들어 낼 수 있다는 말이 됩니다. 그런 경우란 없습니다. 그런 장소도, 그런 시간도 없습니다.

모세가 하나님에게 제기했던 반문을 기억하십니까? "하나님, 당신은 누구십니까? 지난 사십 년 동안 무얼 하고 계시다가 이제 나타나셨습니까?" 하나님이 말씀하십니다. "나는 스스로 있는 자다." 이 말씀은 이렇게 풀어 볼 수 있습니다. '나는 하나님이기를 중단한 적이 없다. 너 홀로 있던 시간은 없었다. 죽어나고 잊혔다고 생각했던 날들이 너를 만들고 있었다.'

모세도 요셉도 자기 인생을 이해할 길이 없었을 것입니다. 선택의 여지가 없는 길로 붙들려 왔으니 말입니다. 그러나 그 길은 모두를 구원한 최고의 시간이었습니다. 예수님은 자발적으로 오셨습니다. 성부 하나님과 성자 하나님이 하나인 것 같이, 우리와 하나가 되려고 찾아오신 것입니다. 하나님은 우리가 있는 자리라면 어디까지나 찾아오셔서 우리에게 마음을 달라고 하십니다. 그렇게 우리에게 순종을 요구하십니다. 이 순종은 구호나 명분이나 수단이 아닙니다. 우리와 이심전심이신 하나님이 사랑과 창조와 부활의 자리로, 아니 사랑하는 아들을 통해 부른 이 자리로 오라고 하시는 초대입니다.

책임이란 우리 편에서는 방법이고 수단이지만, 하나님 편에서는 우리를 향해 가지신 목적입니다. 그러니 자신을 돌아보십시오. 우리는 히브리서 3장과 4장에 걸쳐 내내 불순종에 관한 경고를 듣는 중입니다.

　하나님이 우리를 향하여 가지신 진정성이 느껴집니까? 우리가 겪는 고난 속에서 하나님이 무엇을 만들고자 하시는지 짐작됩니까? 하나님은 홀로 다 하실 수 있는 분이지만, 그렇다고 우리를 조종하거나 강제로 굴복시키려 하지 않으십니다. "내가 너희를 사랑하고 너희에게 순종한 것처럼 너희도 나에게 마음을 다오. 우리 같이 가 보자. 될 때까지 가자. 너희 잘못으로 끝나게 두지 않겠다. 나는 너희 하나님이고 너희는 내 사랑하는 자녀다. 내가 어찌 너희를 포기하겠느냐? 나는 너희와 타협할 수 없다. 체념하거나 외면할 수도 없다." 이런 하나님의 초청이 들립니까? 고난에 찬 인생을 하나님의 목적을 이루어 내는 기회로 여기고, 매일 하루만큼씩 커 가길 바랍니다.

질문하기

1.

책임은 구원받는 (   )이 아니고 구원의 (   )입니다.

_____

2.

현실적이고 구체적인 고난 속에 우리를 몰아넣으시는 하나님이

당신의 구원을 완성하시기 위해 우리에게 요구하시는 것은 무엇

입니까?

_____

3.

예수님의 성육신으로 증명되는 사실은 무엇입니까?

_____

나누기

우리가 가야 할 가나안은 어떤 곳일지 나누어 봅시다.

우리에게
큰 대제사장이
있으니

14 그러므로 우리에게 큰 대제사장이 계시니 승천하신 이 곧 하나님의 아들 예수시라 우리가 믿는 도리를 굳게 잡을지어다 15 우리에게 있는 대제사장은 우리의 연약함을 동정하지 못하실 이가 아니요 모든 일에 우리와 똑같이 시험을 받으신 이로되 죄는 없으시니라 16 그러므로 우리는 긍휼하심을 받고 때를 따라 돕는 은혜를 얻기 위하여 은혜의 보좌 앞에 담대히 나아갈 것이니라 5:1 대제사장마다 사람 가운데서 택한 자이므로 하나님께 속한 일에 사람을 위하여 예물과 속죄하는 제사를 드리게 하나니 2 그가 무식하고 미혹된 자를 능히 용납할 수 있는 것은 자기도 연약에 휩싸여 있음이라 3 그러므로 백성을 위하여 속죄제를 드림과 같이 또한 자신을 위하여도 드리는 것이 마땅하니라 4 이 존귀는 아무도 스스로 취하지 못하고 오직 아론과 같이 하나님의 부르심을 받은 자라야 할 것이니라 5 또한 이와 같이 그리스도께서 대제사장 되심도 스스로 영광을 취하심이 아니요 오직 말씀하신 이가 그에게 이르시

되 너는 내 아들이니 내가 오늘 너를 낳았다 하셨고 **6** 또한 이와
같이 다른 데서 말씀하시되 네가 영원히 멜기세덱의 반차를 따르
는 제사장이라 하셨으니 **7** 그는 육체에 계실 때에 자기를 죽음에
서 능히 구원하실 이에게 심한 통곡과 눈물로 간구와 소원을 올렸
고 그의 경건하심으로 말미암아 들으심을 얻었느니라 **8** 그가 아
들이시면서도 받으신 고난으로 순종함을 배워서 **9** 온전하게 되셨
은즉 자기에게 순종하는 모든 자에게 영원한 구원의 근원이 되시고
10 하나님께 멜기세덱의 반차를 따른 대제사장이라 칭하심을 받으
셨느니라 **11** 멜기세덱에 관하여는 우리가 할 말이 많으나 너희가
듣는 것이 둔하므로 설명하기 어려우니라 (히 4:14-5:11)

나를 따르라

본문 말씀에서는 예수님의 대제사장적 사역을 언급합니다. 예수님은 구원을 이루실 때에 기적을 베푸시듯 단번에 우리에게 결과물을 던져 주지 않으셨습니다. 긴 시간에 걸쳐 예수님 당신이 친히 빚어내시는 작품으로 우리에게 구원을 허락하셨습니다. 우리에게 주신 구원은 그 목적하신 바를 이루기 위한 시작이라는 것을 예수님의 대제사장 사역에서 알 수 있습니다.

예수님은 십자가를 지셨을 때뿐만 아니라, 승천하여 하늘 보좌 우편에 계신 지금도 우리를 위하여 기도하고 계십니다. 이 사역을 본문에서는 '그가 아들이시면서도 받으신 고난으로 순종함을 배워서 온전하게 되셨은즉 자기에게 순종하는 모든 자에게 영원한 구원의 근원이 되'(히 5:8-9)셨다고 말씀합니다. 그러니 여기 나온 순종은 쉽게 선택하는 덕목 정도가 아닙니다. 순종에는 선택보다 더 큰 내용이 담겨 있는데, 이 점을 이해하려면 먼저 고난에 대해 살펴보아야 합니다.

고난은 단지 고통에 불과한 것이 아닙니다. 고난이 하는 일과 고난이 다다르는 자리가 어디인지 잘 드러내는 말씀을 찾아봅시다. 마태복음 16장에, 예수님이 베드로의 고백을 듣고 이 고백 위에 교회를 세울 것이라는 영광스러운 약속을 하신 다음 당신의 수난을 예고하시는 장면이 등장합니다.

이 때로부터 예수 그리스도께서 자기가 예루살렘에 올라가 장로들과 대제사장들과 서기관들에게 많은 고난을 받고 죽임을 당하고 제삼일에 살아나야 할 것을 제자들에게 비로소 나타내시니 베드로가 예수를 붙들고 항변하여 이르되 주여 그리 마옵소서 이 일이 결코 주께 미치지 아니하리이다 예수께서 돌이키시며 베드로에게 이르시되 사탄아 내 뒤로 물러 가라 너는 나를 넘어지게 하는 자로다 네가 하나님의 일을 생각하지 아니하고 도리어 사람의 일을 생각하는도다 하시고 이에 예수께서 제자들에게 이르시되 누구든지 나를 따라오려거든 자기를 부인하고 자기 십자가를 지고 나를 따를 것이니라 (마 16:21-24)

우리가 생각하는 '자기 부인'은 무엇입니까? 자기 기대치나 욕망을 조금 내려놓는 정도에 불과합니다. 자신의 소원을 관철하기 위해 자기가 가진 것을 양보하듯 기도하면서, 자기를 부인하는 길을 가고 있다고 착각합니다. "하나님, 이번에 제 아들을 좋은 대학에 꼭 붙여 주십시오. 그렇게만 해 주신다면 제가 외제

차도 안 뽑고 사치도 안 부리고 평생 죽은 듯이 살겠습니다." 하나님이 이런 기도를 들으시면 뭐라고 하실까요? "내가 겨우 그 정도 해 주려고 너희를 창조하고 내 아들을 보내어 모욕을 당하게 하고 십자가를 지게 한 것 같으냐? 내가 너희를 구원하기 위하여 한 일을 보면 모르겠느냐? 도대체 구원이 무엇이기에 이렇게 긴 역사와 많은 비극 속에 내 아들을 보내어 그 짐을 지게 하고 그 수모와 오해를 받게 했는지 한번 생각해 봐라." 그렇게 말씀하실 것입니다.

하나님은 우리를, 우리가 만들 수 있는 최상이 아니라 하나님이 만드실 수 있는 최상의 존재로 다듬어 가려고 하십니다. 그러니 나를 넘어서야 합니다. 극기를 통해 무아지경에 이르라거나 완벽히 정의롭고 사심 없는 사람이 되라는 소극적 의미가 아닙니다. 인간의 생각으로는 상상할 수 없는 존귀한 존재, 하나님이 당신의 자녀라고 부르는 영광스러운 존재, 하나님이 사랑하시고 또한 사랑을 요구하시는 존재가 되는 적극적이고 긍정적인 의미의 '자기 부인'입니다. 다만 거짓말 안 하고 욕심 안 내는 것과는 차원이 다른 요구입니다. 우리 각각이 그렇게 되어야 합니다. 명분이자 구호로서가 아니라, 우리 존재 자체가 그렇게 되어야 합니다.

예수는 인간의 몸으로 오셨습니다. 예수의 손바닥에 난 못 자국에서 알 수 있습니다. 죽음 아래에 사는 육신의 수치와 고통을 몸에 지니고 계십니다. 부활하신 예수님의 옆구리에는 창 자국이 여전히 있습니다. 예수님은 승천하셨으나 인간으로 오신 표징을 영원히 갖기로 하신 것입니다. 굉장하지 않습니까? 예수의 몸에 새겨진 창 자국과 못 자국이 예수에게 흠이 될 수 없는 것처럼, 신자가 자기를 부인하고 자기 십자가를 지는 과정에서 일어나는 모든 실수와 실패와 눈물과 한숨도 신자의 인생에 손해가 되지 않는다고 하십니다. 이것이 우리에게 요구하시는 '나를 따르라'에 담긴 의미입니다.

순종으로서의 안식

히브리서에 나온 '안식'은 예수 안에서 약속된 존재로 살아가는 것, 예수에게 항복하기로 선택하는 것, 그 선택을 기쁜 마음으로 하는 것이라고 더 풀어 볼 수 있습니다. 이렇게 본다면, 안식은 순종입니다.

우리 인생에는 성공보다 실패가 많습니다. 그러나 하나님은 죽을 것 같은 실패라고 할지라도 우리를 하나님의 뜻대로 만들어 가는 일에 결코 방해나 걸림돌이 되지 않는다고 말씀하십니다. 물론 잘하면 좋습니다. 그런데 잘못한 것이 잘한 것보다 더 많은 일을 합니다. 신비롭습니다. 그러면 잘못해야 잘되느냐? 그렇지는 않습니다. 잘한 건 잘한 것입니다. 잘한 건 명예입니다. 그렇다고 잘못한 사람들을 판단할 필요는 없습니다. 잘못한 것으로 이미 눈물을 흘렸습니다.

예수께서 괜히 피 흘려 죽으신 것이 아닙니다. 예수의 고난이 우리에게 양식이 되고 우리 영혼에 진정한 능력이 되듯이, 우리의 고난 역시 이런 가치를 지닙니다. 그래서 히브리서에 나온 경고는 겁을 주기 위한 것이 아닙니다. '너희는 핑계 대지 마라. 외면하지 마라. 하나님의 말씀은 좌우에 날 선 검같이 너희 영혼을 찔러 쪼갠다. 너희는 하나님을 속일 수 없다. 그러니 앞으로 나아가라'라는 격려입니다. 다시 히브리서로 돌아와 예수님의 대제사장직이 얼마나 놀라운 직분인가 확인합시다.

> 그러므로 우리가 저 안식에 들어가기를 힘쓸지니 이는 누구든지 저 순종하지 아니하는 본에 빠지지 않게 하려 함이라 하나님의 말씀은 살아 있고 활력이 있어 좌우에 날선 어떤 검보다도 예리하여 혼과 영과 및 관절과 골수를 찔러 쪼개기까지 하며 또 마음의 생각과 뜻을 판단하나니 지으신 것이 하나도 그 앞에 나타나지 않음이 없고 우리의 결산을 받으실 이의 눈 앞에 만물이 벌거벗은 것 같이 드러나느니라 (히 4:11-13)

11절에 있는 '그러므로'는 그 앞에서 "너희들, 내 말 안 들으면 죽어. 하나님은 속지 않아. 그냥 넘어가지 않아"라고 경고한 다음에 등장하는 '그러므로'입니다. '그러므로 이제 말 안 듣는 놈들은 다 죽인다'가 아니라, '그러므로 우리에게 큰 대제사장이 있으니 걱정 말고 믿는 도리를 굳게 잡으라'라는 권면입니다. 경고 뒤에 격려가 이어지는 것입니다.

그러니 속일 수 없다, 포기할 수도 없다, 하나님은 결코 중단하지 않으신다, 그러니 가야 한다, 겁을 주려고 하는 말 아니다, 다른 길은 없다, 그렇게 네 인생을 살아라, 예수님이 대제사장으로 지금 보좌 우편에서 너를 위하여 기도하고 있다, 넌 죽고 싶어도 이제 못 죽는다, 네 인생은 실패로 끝나지 않는다, 이렇게 말씀하십니다.

이런 하나님의 마음을 모르는 채, 마치 하나님이 나한테만 너무 많이 요구하시는 것 같은 억울한 표정으로 하소연을 늘어놓는 것은 기도가 아닙니다. 더 이상 희망이 없어 보이는 자리라면 더더욱 기도해야 합니다. "하나님, 맞습니다. 이것으로 끝일 리 없습니다. 이 정도에서 끝날 일이었으면 하나님이 십자가로 구원하지 않으셨을 것입니다. 예수님이 피 흘려 죽지 않으셨을 것입니다." 그렇게 더 나아가라는 것입니다. 우리가 진심으로 항복하는 날까지 하나님은 우리를 놓아주지 않으실 것입니다.

복음은 무엇이며, 구원은 무엇일까요? 복음이란 천국 가는 문제보다 훨씬 큽니다. 하나님은 당신이 목적하시는 자리까지 우리로 자라 가게 하는 일을 결코 포기하지 않겠다, 자신이 하나님의 자녀라는 사실에 스스로 항복하고 기뻐하고 자랑하는 자리에 이르기까지 절대 놓아두지 않겠다고 작정하셨다, 이것이 복음입니다. 주께서 모든 시험을 이기고 겟세마네 기도를 통과하여 십자가를 지셨듯이, 우리 역시 감당하고 이겨 내서 "맞습니다. 제 인생을 아버지께 바칩니다"라는 결론에 도달하도록 하나님이 우리를 지키실 것입니다.

훌륭해지는 싸움

우리는 현실의 어려움을 어떻게 이해하고 있습니까? 구원이 무엇이며, 하나님이 나에게 무엇을 목적하고 계시는지를 알고 있습니까? 이 문제는 내 실력이 어느 정도인가와 함께 생각해야 합니다. 우리는 어디쯤 와 있을까요? 있어도 그만 없어도 그만인 존재로 살고 있지는 않습니까? "하나님, 저는 위인이 될 마음이 없사오니 이 정도에서 봐주세요. 자존심 지키고 비명 지를 일 없는 수준 정도로 말입니다" 이렇게 기도하고 있지는 않습니까? 그러다 예수 믿는 게 겨우 이 정도면 스스로 부족하다는 생각에 봉사도 좀 하고, 기회가 있으면 동창에게 '너도 예수 믿어'라고 이야기하는 정도에 머물러 있습니까? 겨우 그 정도를 위해서 하나님이 십자가를 지셨다고 생각합니까? 그렇게 생각하면 안 됩니다.

우리는 그저 죄를 씻고 잘못을 지워 버리면 그만인 것이 아니라, 잘못을 저지르고 못난 짓을 한 데서부터 훌륭해지고 위대해지고 거룩해지는 싸움을 해야 합니다. 이 일을 위해 상상할 수 없는 자리까지 내몰립니다. 바로 여기서 하나님이 일하시며, 하나님의 약속이 이루어집니다. 이것이 우리의 현실입니다.

그러니 스스로 생각해 봅시다. '적어도 신자라면 이쯤 해야 돼'라는 것을 도덕적 명분으로 나열하지 말고, 각자의 실력을 돌아보십시오. 세상의 위협과 유혹, 그리고 본래 자신이 져야 하는 짐과 억울함에 대하여 우리가 얼마큼 실력이 있는가, 거기서 우리가 예수께서 보이신 것 같은 사랑과 헌신과 섬김과 기다림과 용서를 할 수 있는가를 생각하십시오. 물론 한 번에 되지는 않습니다. 그러나 시도해야 합니다. 어쩌다 한 번이라도 해야 합니다. 결국은 연습으로 실력이 쌓이며 우리의 존재가 변화될 것입니다. 이 일이 완성될 때까지 우리는 죽을 수 없습니다. 변명하거나 도망갈 수도 없습니다. 결국 우리는 훌륭해지고 놀라워져서 먼 훗날 영광의 보좌에 이르러 하나님 앞에 찬송과 감사의 면류관을 드릴 것입니다.

질문하기

1.

적극적이고 긍정적인 의미의 '자기 부인'이 무엇인지 설명해 봅
시다.

2.

히브리서에 나온 안식은 어떤 것입니까?

3.

복음이란 무엇입니까?

나누기

시간 속에서 연습을 통해 예전보다 좀 더 나아진 나의 모습이
있다면 함께 나누어 봅시다.

그 뜻이
변하지 아니함을
나타내시려고

13 하나님이 아브라함에게 약속하실 때에 가리켜 맹세할 자가 자기보다 더 큰 이가 없으므로 자기를 가리켜 맹세하여 14 이르시되 내가 반드시 너에게 복 주고 복 주며 너를 번성하게 하고 번성하게 하리라 하셨더니 15 그가 이같이 오래 참아 약속을 받았느니라 16 사람들은 자기보다 더 큰 자를 가리켜 맹세하나니 맹세는 그들이 다투는 모든 일의 최후 확정이니라 17 하나님은 약속을 기업으로 받는 자들에게 그 뜻이 변하지 아니함을 충분히 나타내시려고 그 일을 맹세로 보증하셨나니 18 이는 하나님이 거짓말을 하실 수 없는 이 두 가지 변하지 못할 사실로 말미암아 앞에 있는 소망을 얻으려고 피난처를 찾은 우리에게 큰 안위를 받게 하려 하심이라 19 우리가 이 소망을 가지고 있는 것은 영혼의 닻 같아서 튼튼하고 견고하여 휘장 안에 들어 가나니 20 그리로 앞서 가신 예수께서 멜기세덱의 반차를 따라 영원히 대제사장이 되어 우리를 위하여 들어 가셨느니라 (히 6:13-20)

하나님의 불변한 약속

히브리서 6장에서는 하나님의 맹세가 불변함과 예수의 대제사장직이 영원함을 이야기합니다. 하나님이 아브라함에게 맹세하셨는데, 그 맹세가 불변한 것임을 당신의 말씀에 근거하여 보증해 주셨다, 또 예수를 보내실 때 '너는 멜기세덱의 반차를 따라 영원한 대제사장이 되라'라고 하셨다, 이것이 본문 말씀입니다.

하나님은 아브라함에게 어떻게 맹세하셨을까요? 창세기 12장을 보면, 하나님이 아브라함을 불러 약속을 주십니다. "내가 너로 큰 민족을 이루고 네게 복을 주어 네 이름을 창대하게 하리니 너는 복이 될지라 너를 축복하는 자에게는 내가 복을 내리고 너를 저주하는 자에게는 내가 저주하리니 땅의 모든 족속이 너로 말미암아 복을 얻을 것이라 하신지라"(창 12:2-3). 이것이 맹세의 시작입니다. 그런데 히브리서 6장에 인용된 맹세는 창세기 22장에 나온 맹세입니다. 창세기 12장의 맹세와 22장의 맹세는 어떤 차이가 있을까요?

창세기 12장에 나온 맹세는 하나님이 아브라함을 그의 고향 갈대아 우르에서 꺼내 가나안으로 부르신 여정 초반에 하신 약속 속에 들어 있습니다. 이 약속은 창세기 15장에도 나오고 17장에도 반복하여 등장합니다. 그리고 22장에도 하나님의 약속이 등장하는데, 이 약속은 아브라함이 이삭을 바친 사건에서 하신 것입니다. 하나님의 사자가 내려와 이삭을 잡으려는 아브라함을 불러 만류합니다. 그런 후 약속을 주십니다.

> 여호와의 사자가 하늘에서부터 두 번째 아브라함을 불러 이르시되 여호와께서 이르시기를 내가 나를 가리켜 맹세하노니 네가 이같이 행하여 네 아들 네 독자도 아끼지 아니하였은즉 내가 네게 큰 복을 주고 네 씨가 크게 번성하여 하늘의 별과 같고 바닷가의 모래와 같게 하리니 네 씨가 그 대적의 성문을 차지하리라 또 네 씨로 말미암아 천하 만민이 복을 받으리니 이는 네가 나의 말을 준행하였음이니라 하셨다 하니라 (창 22:15-18)

아브라함의 순종을 기뻐하신 하나님이 주신 약속입니다. '내가 반드시 너에게 복 주고 복 주며 너를 번성하게 하고 번성하게 하리라.' 이 약속에 등장하는 복은, 이삭을 바친 순종 때문에 아브라함이 자격을 갖추어 받게 된 것처럼 읽힙니다.

그런데 아브라함의 생애 전체를 놓고 보면, 훨씬 전 그러니까 이삭을 얻기도 전에 이미 동일한 약속이 주어져 있었다는 것을 알 수 있습니다. 그러니 여기서 아브라함이 이삭을 바치는 순종을 했기에 하나님이 복을 약속하셨다고 보는 것은 무리가 있습니다.

믿음에 붙잡힌 아브라함

물론 이삭을 바친 아브라함의 행위는 훌륭합니다. 하지만 아브라함의 생애에서 발견되는 하나님의 약속은 이 순종이 있기 전부터이미 허락된 것이었습니다. 창세기 12장과 15장, 그리고 17장에서 이를 확인할 수 있습니다. 15장에서 하나님이 제물을 갈라놓고 그 쪼갠 사이를 횃불로 지나가 언약의 엄중함을 친히 보이셨다면, 17장에서는 아브람의 이름을 아브라함으로 바꾸어 주시면서 앞서와 마찬가지로 '나는 네 하나님이 되고 너는 내 백성이 될 것이다. 네 후손이 번성하여 너는 열국의 아비가 될 것이다'라고 약속하시며 언약의 불변성과 동일성을 강조하셨습니다.

그렇다면 이삭을 바친 사건은, 하나님에게서 복을 받아 내기 위한 조건과 자격으로서의 순종 행위가 아니라 그것을 넘어서 있는 이야기라는 점을 알 수 있습니다. 아브라함이 이삭을 바쳐서 하나님에게 복을 받았다는 단순한 이야기가 아닌 것입니다.

본문의 강조점은 '하나님이 아브라함에게 약속하셨고 그 약속을 지키기 위하여 맹세하셨다. 그리고 아브라함은 모든 믿는 자의 조상이다'라는 점에 있습니다. 하나님이 맹세하여 복을 주기로 한 근거가 무엇이냐는 질문에 대해 아브라함이 이삭을 바쳐서 복을 주셨다고 답하는 것은 너무 쉽게 가는 것입니다. 로마서 4장은 아브라함의 믿음에 대해 좀 더 깊은 관점으로 우리를 인도합니다.

> 아브라함이나 그 후손에게 세상의 상속자가 되리라고 하신 언약은 율법으로 말미암은 것이 아니요 오직 믿음의 의로 말미암은 것이니라 만일 율법에 속한 자들이 상속자이면 믿음은 헛것이 되고 약속은 파기되었느니라 율법은 진노를 이루게 하나니 율법이 없는 곳에는 범법도 없느니라 그러므로 상속자가 되는 그것이 은혜에 속하기 위하여 믿음으로 되나니 이는 그 약속을 그 모든 후손에게 굳게 하려 하심이라 율법에 속한 자에게뿐만 아니라 아브라함의 믿음에 속한 자에게도 그러하니 아브라함은 우리 모든 사람의 조상이라 (롬 4:13-16)

하나님은 약속하신 대로 아브라함과 그 후손에게 복을 주기로 하십니다. 그리고 이 복은 율법을 기준으로 하지 않고 믿음을 기준으로 한 것이라고 말씀하십니다. 그렇다면 율법과 믿음의 차이는 무엇일까요? 율법의 기준은 잘잘못입니다. 그런데 믿음은 잘잘못이 기준이 아닙니다. 율법과 믿음이 대조되어 있으니 말입니다. 그렇다면 믿음의 '잘잘못을 넘어서 있는 것'은 율법의 '잘잘못'과 어떤 차이가 있을까요? 믿음은 분명 은혜에 속한 것이고 인과응보를 벗어난 것입니다. 하지만 믿음이 인과응보라는 잣대를 벗어나 잘잘못이라는 기준이 없어진 것에 불과하다면, 우리에게는 '제멋대로 하기'밖에 남지 않는데, '제멋대로'라는 건 사실 잘잘못 즉 율법의 기준만도 못한 것입니다.

그렇다면 도대체 믿음은 율법과 어떤 대조를 이루고 있을까요? 율법도 하나님이 주신 것입니다. 그런데 믿음은 율법보다 더 좋은 방책으로 주신 것입니다. 율법은 잘못하지 않게 하는 것일 뿐, 잘하게 하지는 못합니다. 그럼 이제 대조가 드러납니다. 믿음은 잘하게 하는 것입니다. 그런데 우리는 잘하게 하는 것에 대해서는 잘 모릅니다.

잘못하지 않게는 하나 잘하는 것은 만들어 내지 못하는 율법에서 잘하는 것을 만들어 내는 일에 아브라함이 붙잡혔습니다. 그러니까 아브라함은 잘못하지 않게 하는 것에 붙잡힌 것이 아니라, 잘하게 하는 것에 붙잡힌 것입니다. 이 점이 하나님이 아브라함을 불러 그의 생애와 함께하시면서 아브라함이 할 수 없는 것을 주시는 데서 나타납니다.

첫 번째는 이삭을 낳은 일입니다. 이삭을 어떻게 얻었습니까? 나이가 들어서 더는 애를 가질 수 없을 때 이삭을 낳습니다. 성경은 이 일을 이루신 하나님을 '없는 것을 있는 것으로 부르시는 이'라고 소개합니다. 애를 잘 키우고 못 키우고는 그다음 이야기입니다. 만들 수 없는 것을 얻은 것이, 아브라함의 인생에서 하나님이 그와 함께하신다는 가장 중요한 증거가 되었습니다.

한 걸음 더 가서, 그렇게 얻은 이삭을 바치라고 하십니다. 아브라함으로서는 감당하기 어려웠을 것입니다. 그런데 아브라함은 어떻게 감당했을까요? 앞에서와 똑같은 이유로 순종합니다. 어떤 이유입니까?

아브라함이 구십구 세 때에 하나님이 찾아오셔서 "내년 이맘 때에 네가 아들을 안으리라"라고 하셨습니다. 아브라함과 사라의 반응은 어땠습니까? 그들은 웃었습니다. 그렇게 될 리 없다고 생각해서 웃었습니다. 그러자 하나님이 뭐라 그러십니까? "너 웃었다." "아닙니다. 웃지 않았습니다." "아니다. 너 웃었다. 내년에 아이를 낳거든 이름을 웃음이라고 지어라." 그래서 아이의 이름을 이삭으로 짓게 됩니다.

하나님의 약속대로 아브라함이 아들을 얻었습니다. 그런데 그렇게 얻은 이삭을 바치라고 하십니다. 아브라함은 차마 바칠 수 없었을 것입니다. 하지만 하나님이 바치라는데, 달리 선택의 여지도 없었을 것입니다. 이삭을 처음 주실 때와 똑같은 상황입니다. "내년에 네가 아들을 안을 것이다." 그때는 아브라함이 왜 별말이 없었을까요? 안 주셔도 아브라함이 손해 볼 건 없으니 그냥 웃고 만 것입니다. 밑져도 본전이니 말입니다. 그런데 이제는 한 걸음 더 나간 것입니다. 이삭을 바치라는데, 아브라함은 선택의 여지가 없습니다.

고난으로 우리를 만들어 가시는 하나님

성경은 우리 인생에 선택의 여지가 없는 고난이 있다고 말합니다. 잘못해서 받는 벌이 아닙니다. 아무리 잘해도 고난이 떠나지 않습니다. 아브라함도 인생에서 고난을 만납니다. 그는 갈 데가 없습니다. 하나님에게서 도망갈 수 없다는 사실을 압니다. 다른 선택, 타협할 제3의 길이 없습니다. 이삭을 잡을 수밖에 없는 형편인 것입니다. 그래서 잡으러 갑니다. 그랬더니 하나님이 "됐다. 네가 순종했다"라고 하시는 것이 아니라 잡은 아들을 살리셔서 아브라함에게 부활을 보이십니다.

이삭은 아브라함이 자녀를 갖지 못했을 때 얻은 아들일 뿐만 아니라 죽음에서 다시 태어난 아들입니다. 죽음도 통과한 자식을 갖게 됨으로써, 아브라함은 하나님에 대한 두 가지 증거를 얻게 됩니다. 하나님은 없는 것을 있는 것으로 부르시는 분, 또 죽은 자를 살리시는 분이라는 증거입니다. 하지만 하나님이 하시려는 일은 이 두 증거에 국한되지 않습니다. 죽은 자를 돌려받은 것이 전부가 아닙니다. 없는 것을 있게 만들 수 있고, 죽은 자를 돌려받게 하실 수 있는 하나님이 이러한 증거들로 무한정 열어 놓으신 약속이 있었던 것입니다. '너는 복의 근원이 될 것이다. 너는 열국의 아비가 될 것이다'라는 약속입니다. 죽은 자를 돌려받은 것이 전부라면, 열국의 아비가 될 것이라는 약속을 놓치게 됩니다.

낳을 수 없는 이삭을 얻고, 그렇게 얻은 이삭을 드렸으나 되돌려 받습니다. 이처럼 아브라함은 창조와 부활의 증거를 가졌습니다. 그것으로 끝이 아닙니다. 더 나아갑니다. 이 증거들을 통해 성경이 말하는 '하나님의 영광의 찬송, 하나님의 자녀들의 영광의 자유'라는 데로 마음껏 불려 갑니다. 우리가 몰라서 자주 놓치는 점입니다.

고난이 우리를 '왜 나를 예수 믿게 하고 감동하게 해 놓고서는 이런 어려운 길로 인도하는가'라는 시험과 원망에 사로잡히게 하여, 우리는 더 가야 하는 길을 자주 놓치곤 합니다. 이러한 증거들에 그저 만족하는 데에 그쳐서는 안 됩니다. 낳을 수 없던 아이를 얻게 되고, 죽었던 아이를 돌려받는 일은 하나님이 하시고자 하는 일의 일부일 뿐입니다. 하나님은 이보다 더 큰 일을 하신다는 사실을 기억하십시오.

하나님이 돕고 계십니다. 그런데도 우리는 고난이 싫습니다. 힘들게 살고 싶지 않기 때문입니다. 하지만 하나님은 고난이라는 방법으로 우리를 만들어 가십니다. 하나님은 고난으로 일하시기 때문입니다. 구원은 결코 값싼 것이 아닙니다. 우리를 구원하시는 일에 자기 아들을 보내어 십자가에 매다신 하나님이 예수의 부활로 보이신 증거로, 간단히 이야기해 버릴 수 없는 무언가 더 굉장한 것을 만들어 내기 위하여 역사가 이어지고 있고, 우리 인생이 있고, 오늘의 한숨과 고민이 있습니다. 이 일을 위해 십자가에 달려 죽고 부활하신 예수님이 하늘 보좌 우편에 앉아 지금도 우리를 편들고 계십니다. 이 사실을 기억하여 위로와 힘과 자랑과 실천이 넘치는 인생이기를 바랍니다.

질문하기

1.

창세기 22장에서 하나님이 아브라함에게 약속하신 복이 이삭을 바치는 순종 때문에 주어졌다고 볼 수 없는 이유는 무엇입니까?

2.

율법과 믿음은 어떤 대조를 이루고 있습니까?

3.

이삭을 돌려받음으로 아브라함이 가지게 된 창조와 부활의 증거 외에 그가 더 나아가게 된 자리는 어떤 곳입니까?

나누기

예전에는 하지 못했던 것을 주님의 도우심으로 말미암아 하게 된 경우가 있다면 함께 나누어 봅시다.

예수는
더 좋은 언약의
보증이 되셨느니라

11 레위 계통의 제사 직분으로 말미암아 온전함을 얻을 수 있었으면 (백성이 그 아래에서 율법을 받았으니) 어찌하여 아론의 반차를 따르지 않고 멜기세덱의 반차를 따르는 다른 한 제사장을 세울 필요가 있느냐 **12** 제사 직분이 바꾸어졌은즉 율법도 반드시 바꾸어지리니 **13** 이것은 한 사람도 제단 일을 받들지 않는 다른 지파에 속한 자를 가리켜 말한 것이라 **14** 우리 주께서는 유다로부터 나신 것이 분명하도다 이 지파에는 모세가 제사장들에 관하여 말한 것이 하나도 없고 **15** 멜기세덱과 같은 별다른 한 제사장이 일어난 것을 보니 더욱 분명하도다 **16** 그는 육신에 속한 한 계명의 법을 따르지 아니하고 오직 불멸의 생명의 능력을 따라 되었으니 **17** 증언하기를 네가 영원히 멜기세덱의 반차를 따르는 제사장이라 하였도다 **18** 전에 있던 계명은 연약하고 무익하므로 폐하고 **19** (율법은 아무 것도 온전하게 못할지라) 이에 더 좋은 소망이 생기니 이것으로 우리가 하나님께 가까이 가느니라 **20** 또 예수께서 제사장이 되신 것은 맹세 없이 된 것이 아니니 **21** (그들은 맹세 없이 제사장

이 되었으되 오직 예수는 자기에게 말씀하신 이로 말미암아 맹세
로 되신 것이라 주께서 맹세하시고 뉘우치지 아니하시리니 네가 영
원히 제사장이라 하셨도다) **22** 이와 같이 예수는 더 좋은 언약의
보증이 되셨느니라 **23** 제사장 된 그들의 수효가 많은 것은 죽음
으로 말미암아 항상 있지 못함이로되 **24** 예수는 영원히 계시므로
그 제사장 직분도 갈리지 아니하느니라 **25** 그러므로 자기를 힘입
어 하나님께 나아가는 자들을 온전히 구원하실 수 있으니 이는 그
가 항상 살아 계셔서 그들을 위하여 간구하심이라 **26** 이러한 대
제사장은 우리에게 합당하니 거룩하고 악이 없고 더러움이 없고 죄
인에게서 떠나 계시고 하늘보다 높이 되신 이라 **27** 그는 저 대제
사장들이 먼저 자기 죄를 위하고 다음에 백성의 죄를 위하여 날마
다 제사 드리는 것과 같이 할 필요가 없으니 이는 그가 단번에 자
기를 드려 이루셨음이라 **28** 율법은 약점을 가진 사람들을 제사장
으로 세웠거니와 율법 후에 하신 맹세의 말씀은 영원히 온전하게
되신 아들을 세우셨느니라 (히 7:11-28)

영원한 대제사장 예수 그리스도

히브리서 7장은 예수의 대제사장적 직분에 대하여 긴 설명을 하고 있습니다. 본문은 구약시대에 있던 제사장 제도에 관해 설명하는데, 제사장의 제일 중요한 사역은 백성들의 죄 사함을 위하여 해마다 속죄제를 드리는 일입니다. 제사장은 이 일을 위하여 매년 정한 날에 피의 제물을 가지고 하나님 앞에 나아갔고, 그 제사장이 죽으면 뒤를 잇는 다른 제사장을 세워 죄를 속하는 일을 이어 갔습니다.

그런데 하나님이신 예수님은 해마다 속죄 사역을 반복할 필요가 없게, 짐승의 피가 아닌 당신의 피를 바치심으로써 이 일을 단번에 해결하셨습니다. 예수는 인간이 아니시므로, 그 직분이 수명의 다함으로 끝나지 않습니다. 영원하신 분이므로 속죄의 효력 역시 영원히 지속됩니다. 알 것 같으면서도 우리는 이 문제를 자주 놓치곤 합니다. "그는 저 대제사장들이 먼저 자기 죄를 위하고 다음에 백성의 죄를 위하여 날마다 제사 드리는 것과 같이 할 필요가 없으니 이는 그가 단번에 자기를 드려 이루셨음이라"(히 7:27)라고 성경은 분명히 말씀하고 있습니다.

예수님은 죄 문제를 단번에 끝장내시고 하늘 보좌에 올라가셨습니다. 죄 문제를 해결하셨으니 이제 우리도 곧장 천국으로 불러야 할 것 같은데, 우리를 아직 이 땅에 살게 하십니다. 그렇다면, 남아 있는 날들이 무슨 의미인가 하는 생각이 듭니다. 이 문제와 관련하여 주의 깊게 보아야 할 중요한 선언이 25절에 나옵니다.

> 그러므로 자기를 힘입어 하나님께 나아가는 자들을 온전히 구원하실 수 있으니 이는 그가 항상 살아 계셔서 그들을 위하여 간구하심이라 (히 7:25)

예수님은 지금도 하늘 보좌 우편에 앉아 제사장 역할을 하고 계십니다. 십자가로 단번에 우리 죄를 속하신 분이 여전히 제사장으로 계시는 것은 설마 우리의 반복되는 죄를 주기적으로 씻어야 하기 때문일까요? 그렇지 않습니다. 구원과 복음에 대해 오해하고 있어서 그렇게 생각하는 것입니다.

우리는 예수를 믿어 구원을 얻었으면서도 또다시 짓는 죄 때문에 십자가로 돌아가고 다시 죄짓고 또 십자가로 돌아가는 일을 여전히 반복합니다. 이는 복음에 담긴 긍정적이고 적극적인 약속을 오해하는 까닭입니다. 예수를 믿어 얻은 영광스럽고 명예로운 인생에서 다만 자책과 회개로 돌아가는 일만 반복하는 것입니다.

그렇다면 복음이 가진 긍정적이고 적극적인 약속이란 무엇일까요? 구원은 이미 이루어졌으나, 우리가 천국에 가는 날까지 예수님이 여전히 대제사장으로 하늘 보좌 우편에서 우리를 위하여 기도하고 계신다는 것입니다. 이 약속이 우리에게 주어져 있습니다.

히브리서는 당시 초대교회 성도들이 겪는 어려움 즉 예수를 믿었으나 세상의 핍박을 받아야 했고 좋은 믿음은 가졌으나 어려움이 해결되지 않는 현실 때문에 고난 속에 있는 이들에게 보낸 위로의 서신입니다. 이 위로는 단순히 '잘 견뎌라'와 같은 응원이 아닙니다. '이 어려움을 예수께서 지켜보시며 격려하고 있다'라는 권면입니다. 그러면 왜 이 어려움을 주시는가, 십자가를 지시고 죽음을 이기시고 승리하신 예수께서 하늘 보좌 우편에서 영원한 제사장으로 우리를 편들어 주시는데, 왜 고난과 어려움이 있는가 하고 묻고 싶을 것입니다.

앞 장에서는 출애굽 사건을 예로 들어 "너희는 너희 조상들이 광야에서 하나님을 거부한 것 같이 불순종하는 죄를 짓지 마라. 순종해라"라고 권면한 바 있습니다. 여기서 순종은 무엇을 말하는 것일까요? 가나안에 들어가는 것을 말합니다. 이스라엘 백성은 이 일에 실패하여 광야에서 죽습니다. 이 사건을 예로 들어 히브리서에서는 순종과 예수께서 하신 약속을 함께 언급하고 있습니다. 본문 말씀에서 찾아보면 다음과 같습니다.

전에 있던 계명은 연약하고 무익하므로 폐하고 (율법은 아무 것도 온전하게 못할지라) 이에 더 좋은 소망이 생기니 이것으로 우리가 하나님께 가까이 가느니라 (히 7:18-19)

그때는 하나님이 이스라엘 백성들에게 '너희는 이렇게 해야 하고, 저렇게 해서는 안 된다'와 같은 권면과 율법적 요구를 하셨으나, 그 조상들이 실패했기 때문에 이제 예수를 보내어 그 실패를 승리로 바꾸셨습니다. 율법이 다만 잘잘못에 대한 판단 기준에 불과했다면, 이제 예수는 어떤 분으로 오셨는지 19절을 다시 읽어 봅시다. "율법은 아무 것도 온전하게 못할지라 이에 더 좋은 소망이 생기니 이것으로 우리가 하나님께 가까이 가느니라." 더 좋은 소망 즉 새로운 방도로 예수가 오신 것입니다. 22절에 보면, '이와 같이 예수는 더 좋은 언약의 보증이 되'셨습니다. 더 좋은 언약입니다. 우리의 실패가 우리의 운명을 결정하도록 놔두지 않겠다는 약속이 지금까지 계속되어 왔고 앞으로도 계속될 예수의 영원한 대제사장직에 담긴 의미입니다.

걸어야 할 자녀의 길

하나님이 예수를 보내어 기왕 십자가로 구원하셨으면 우리를 당장 데려가시지, 왜 하필 이런 식으로 고난에 찬 인생 속에 실패하여 자책하고 슬퍼해야 하는 과정을 허락하시는가, 예수께서도 죽음을 이기고 부활 승천하여 하늘 보좌 우편에 앉으셨는데 새삼스레 다시 애쓰실 필요가 있는가 하는 문제는 여전히 큰 질문으로 남습니다. 예수를 믿고 난 이후에 펼쳐지는, 고난이 가득한 현실은 무슨 의미가 있는가, 왜 그런 일이 있는가에 대해 성경이 어떻게 가르치는지 봅시다.

먼저, 탕자의 비유를 떠올려 봅시다. 작은아들은 자기 몫의 재산을 먼저 달라고 해서 받아 나간 후 허랑방탕하게 다 탕진하고 돌아옵니다. 아버지가 돌아온 아들을 기쁘게 맞습니다. 탕자는 "저는 아버지의 아들이라는 일컬음을 감당할 수 없습니다. 저를 품꾼의 하나로 여겨 주십시오"라고 말하며 아버지 앞에 무릎 꿇습니다. 이 말에 아버지는 펄펄 뛰죠. "무슨 소리냐. 여봐라, 내 아들에게 가락지를 끼워라. 목욕을 시키고 새 옷을 입혀라. 송아지를 잡아라." 아들이 돌아온 것이 너무 기쁜 나머지, 아버지는 잔치를 베풉니다.

집에 돌아오는 길에 풍악 소리를 들은 큰아들이 무슨 잔치냐고 묻습니다. 하인이 "아들이 돌아온 것이 기뻐 주인님이 잔치를 벌였습니다"라고 말해 줍니다. 큰아들은 "나가서 전 재산을 말아먹은 놈한테 송아지를 잡아 주다니? 평생 아버지의 명을 어겨 본 적 없는 나한테는 염소 새끼도 한 번 잡아 준 적 없으면서"라며 불평합니다. 이에 아버지가 뭐라고 그럽니까? "얘야, 쟤는 나갔다가 이제 돌아왔기에 우리가 이렇게 기뻐하는 게 아니냐? 그리고 내 것은 다 네 것이 아니냐?"

우리는 돌아오면 끝이라고 생각합니다. 작은아들이 돌아왔다고 아버지가 성대하게 잔치해 주는 것이 좋아 보이는 것입니다. 그런데 그것으로 끝일까요? 잔치가 끝나면 훈련이 기다리고 있습니다. 작은아들은 이제 아들다워지는 훈련을 받을 것입니다. 한편, 동생이 가출한 동안 큰아들은 뭘 하고 있었을까요? 그는 아버지로부터 인감도장을 받았습니다. 한도 무제한의 아버지 카드를 소유한 것입니다. 어떻게 써야 하는지, 자신의 지위와 신분과 영광된 책임은 아직 모른 채 말입니다. 집에 온 작은아들은 돌아온 것으로 끝이 아니라, 이제 자녀의 길을 걸을 것입니다. 우리도 구원받아 회개하고 돌아왔으니 이제 이 길을 가야 하는데, 맨날 나갔다, 돌아왔다만 반복하고 있습니다.

다른 비유를 하나 더 생각해 봅시다. 달란트 비유입니다. 어떤 주인이 종들에게 각각 다섯 달란트, 두 달란트, 한 달란트를 맡기고 먼 곳으로 여행을 떠납니다. 다섯 달란트를 받은 종과 두 달란트를 받은 종은 열심히 살아 이윤을 남겼으나, 한 달란트를 받은 종은 그것을 파묻어 두었다가 주인이 돌아오자 그대로 돌려줍니다. 주인이 화를 냅니다. "너와 나의 관계가 고작 이 정도뿐이더냐"라는 뜻입니다. 앞에 나온 충성된 두 종은 주인이 자기네에게 달란트만 맡긴 것이 아니라 주인의 기업과 사역에 동참할 기회도 주었다고 생각하여 힘을 다해 봉사합니다. 이들에게는 어떤 유익이 있습니까? 그들은 주인의 부요함을 함께 누리며, 주인의 일에 동역하는 기회와 영광을 누릴 것입니다. 그런데 한 달란트를 받은 종은 죄를 안 지은 것이 전부입니다. 말아먹지 않은 게 다입니다.

달란트 비유는 말해 줍니다. 하나님은 당신의 사역에 우리를 불러 동참하게 하셨다, 주인의 마음을 나눠 갖는 일에 우리 인생을 부르셨다, 세상과 다른 인생을 살게 하셨다, 이렇게 우리의 존재 이유를 설명해 줍니다.

복음을 소유한 자의 자랑

로마서 8장에 가면 신자를 향한 확신에 찬 약속들이 나옵니다.

> 그런즉 이 일에 대하여 우리가 무슨 말 하리요 만일 하나님이
> 우리를 위하시면 누가 우리를 대적하리요 자기 아들을 아끼지
> 아니하시고 우리 모든 사람을 위하여 내주신 이가 어찌 그 아
> 들과 함께 모든 것을 우리에게 주시지 아니하겠느냐 누가 능히
> 하나님께서 택하신 자들을 고발하리요 의롭다 하신 이는 하나
> 님이시니 누가 정죄하리요 죽으실 뿐 아니라 다시 살아나신 이
> 는 그리스도 예수시니 그는 하나님 우편에 계신 자요 우리를
> 위하여 간구하시는 자시니라 (롬 8:31-34)

로마서도 역시 지금도 하나님 우편에서 우리를 위해 간구하시
는 대제사장 예수를 거론하고 있습니다. 그런데도 우리는 잘못
을 만회하느라 자꾸 회개하여 과거를 지우고 돌아가 다시 죄짓
고, 또 과거를 지우고 돌아가 다시 죄를 짓습니다. 그렇게 하지
마십시오. 우리 운명에 대한 성경의 약속을 고통 없는 현실로 보
상해 달라고 요구하지 말고, 우리가 받는 이해할 수 없는 어려움
과 고통이 우리에게 유익이 되어 더 배우고 더 나아가게 된다는
사실을 깨달아야 합니다. 사람은 잘했을 때보다 잘못했을 때 홀

룡해질 기회가 더 많이 생깁니다. 못난 사람들은 잘못한 것을 덮기에 급급하지만, 우리는 잘못한 것으로 유익을 얻습니다. 하나님이 주신 오늘을 열심히 살기로 합시다. 교회에 오면 웃는 낯으로 반가워하십시오. 복음을 소유한 자의 자랑으로 언제나 넉넉히 승리하기 바랍니다.

질문하기

1.

복음이 가진 긍정적이고 적극적인 약속은 무엇입니까?

2.

예수의 영원한 대제사장직에 담긴 의미는 무엇입니까?

3.

달란트 비유가 말해 주는 것은 무엇입니까?

나누기

내 인생과 주변에서 '잘못해서 더 훌륭해진' 일이 있다면 함께
나누어 봅시다.

이러한 대제사장이
우리에게
있다는 것이라

---

1 지금 우리가 하는 말의 요점은 이러한 대제사장이 우리에게 있다는 것이라 그는 하늘에서 지극히 크신 이의 보좌 우편에 앉으셨으니 **2** 성소와 참 장막에서 섬기는 이시라 이 장막은 주께서 세우신 것이요 사람이 세운 것이 아니니라 **3** 대제사장마다 예물과 제사 드림을 위하여 세운 자니 그러므로 그도 무엇인가 드릴 것이 있어야 할지니라 **4** 예수께서 만일 땅에 계셨더라면 제사장이 되지 아니하셨을 것이니 이는 율법을 따라 예물을 드리는 제사장이 있음이라 **5** 그들이 섬기는 것은 하늘에 있는 것의 모형과 그림자라 모세가 장막을 지으려 할 때에 지시하심을 얻음과 같으니 이르시되 삼가 모든 것을 산에서 네게 보이던 본을 따라 지으라 하셨느니라 **6** 그러나 이제 그는 더 아름다운 직분을 얻으셨으니 그는 더 좋은 약속으로 세우신 더 좋은 언약의 중보자시라 **7** 저 첫 언약이 무흠하였더라면 둘째 것을 요구할 일이 없었으려니와 **8** 그들의 잘못을 지적하여 말씀하시되 주께서 이르시되 볼지어다 날이

이르리니 내가 이스라엘 집과 유다 집과 더불어 새 언약을 맺으리
라 9 또 주께서 이르시기를 이 언약은 내가 그들의 열조의 손을
잡고 애굽 땅에서 인도하여 내던 날에 그들과 맺은 언약과 같지 아
니하도다 그들은 내 언약 안에 머물러 있지 아니하므로 내가 그들
을 돌보지 아니하였노라 10 또 주께서 이르시되 그 날 후에 내가
이스라엘 집과 맺을 언약은 이것이니 내 법을 그들의 생각에 두고
그들의 마음에 이것을 기록하리라 나는 그들에게 하나님이 되고 그
들은 내게 백성이 되리라 11 또 각각 자기 나라 사람과 각각 자
기 형제를 가르쳐 이르기를 주를 알라 하지 아니할 것은 그들이 작
은 자로부터 큰 자까지 다 나를 앎이라 12 내가 그들의 불의를
긍휼히 여기고 그들의 죄를 다시 기억하지 아니하리라 하셨느니라
13 새 언약이라 말씀하셨으매 첫 것은 낡아지게 하신 것이니 낡아
지고 쇠하는 것은 없어져 가는 것이니라 (히 8:1-13)

십자가로 돌아가지 말고

히브리서 8장에서 눈여겨볼 내용은 6절에서 말하는, 예수는 '더 아름다운 직분을 얻으셨으니 그는 더 좋은 약속으로 세우신 더 좋은 언약의 중보자'라는 점입니다. 예수를 이러한 분이라고 소개하여 히브리서가 다루는 질문 즉 '신앙생활을 하는 현실이 왜 이렇게 고단한가'에 대한 답을 제시합니다. 당시는 여러모로 핍박이 심한 시기였기에 더 힘들었겠지만, 사실 신앙생활은 어느 시대에나 어렵습니다. 이 어려움에 대한 답을 히브리서는 뜻밖에도 '영원한 대제사장이신 예수'로 풀어냅니다.

우리는 자신의 신앙을 점검할 때면 대개 십자가로 돌아가곤 하는데, 히브리서는 십자가로 돌아가는 방법을 제시하지 않습니다. 부활하시고 승천하사 하늘 보좌 우편에 앉아 계신 대제사장 예수의 현재 사역으로 우리를 인도하여 고단한 신앙 현실을 위로합니다. 이 위로가 어떤 것인지 알려면 히브리서가 말하는 예수의 대제사장직을 유념해서 볼 필요가 있습니다.

8장 1절에서 본 대로, 지금 우리에게는 '이러한 대제사장'이 있습니다. 우리는 '예수님' 하면 일단 무조건 십자가로 돌아가고 보는데, 히브리서는 '승천하신 예수님이 보좌 우편에서 지금도 우리를 위하여 기도하시는 대제사장의 직분을 수행하고 계신다'로 우리를 이끌어 갑니다. 예수를 믿고 난 이후의 신앙 현실에서 우리가 스스로 격려하고 점검하는 기준이나 붙잡아야 할 푯대가 예수의 십자가이기보다 예수의 대제사장직이어야 한다는 점을 히브리서를 통해 확인할 수 있습니다. 이는 십자가의 효력이 약해서 그런 것이 아닙니다.

우리의 신앙은 십자가에서 다 멈춰 서 버려, 우리는 현재 신앙 현실을 잘 살아 내기보다 내세만을 바랄 때가 많습니다. 소원은 천국에 가는 것인데, 이 일은 현재가 아닌 미래에 실현되는 거라서 그렇습니다. 예수를 믿자마자 하나님이 바로 우리를 데려가셨으면 좋았을 텐데, 그렇게 하지는 않으십니다. 그러니 남아 있는 동안 어떻게 살 것인가를 고민하기보다 '쓸모 있는 신자가 되자'라는 것이 우리의 구호가 되어 버렸습니다. 여기가 매우 모호하고 막연합니다. 문제는 이 땅에 남아 있는 동안의 현실이 고달프다는 사실입니다. 우리의 기대와도 소원과도 다릅니다. 그런데도 하나님은 답을 안 하십니다. 이것이 우리가 당면한 현실입니다.

다시 회개할 것이 없나니

그러므로 우리가 그리스도의 도의 초보를 버리고 죽은 행실을 회개함과 하나님께 대한 신앙과 세례들과 안수와 죽은 자의 부활과 영원한 심판에 관한 교훈의 터를 다시 닦지 말고 완전한 데로 나아갈지니라 하나님께서 허락하시면 우리가 이것을 하리라 한 번 빛을 받고 하늘의 은사를 맛보고 성령에 참여한 바되고 하나님의 선한 말씀과 내세의 능력을 맛보고도 타락한 자들은 다시 새롭게 하여 회개하게 할 수 없나니 이는 그들이 하나님의 아들을 다시 십자가에 못 박아 드러내 놓고 욕되게 함이라 (히 6:1-6)

이런 구절을 읽으면 무섭습니다. 우리가 여기에 저촉되기 때문입니다. 그러나 이 말씀은 '너희 그러면 안 된다. 구원을 받았는데도 구원받은 자답게 살지 못하는 것은 예수님을 다시 십자가에 못 박는 것이다'라고 이야기하는 것이 아닙니다. 히브리서에서는 출애굽 사건을 예로 들어 권면하는 대목이 많은데, 이런 내용이었습니다. '예수를 보내어 너희를 구원했다. 구원을 이루는 대제사장으로 예수를 세웠으니 너희는 너희 선조들이 애굽에서 나올 때에 거역한 것 같이 굴지 말고 순종해라.'

이스라엘 백성은 애굽에서 나왔지만, 가나안에 들어가는 데는 실패했습니다. 이스라엘 백성이 애굽에서 나와 광야에 머무를 때에는 하나님이 모든 걸 해결해 주셨습니다. 열 가지 재앙을 내리시고, 홍해를 가르시고, 반석에서 물을 주시고, 만나와 메추라

기로 먹이시며, 구름기둥과 불기둥으로 보호하셨습니다. 하지만 가나안에 들어가는 일만큼은 그들 스스로 결단해야 했습니다. 그러나 그들이 불순종하여 가나안에 들어가기를 거부하자, 그들은 광야에서 죽을 수밖에 없었습니다.

그러니 '한 번 빛을 받고 하늘의 은사를 맛보고 성령에 참여한 바 되고 하나님의 선한 말씀과 내세의 능력을 맛보고도 타락한 자들은 다시 새롭게 하여 회개하게 할 수 없'다와 같은 말씀을 만나면, 이런 역사적 사건을 염두에 두고 그 의미를 생각해야 합니다.

우리가 신앙생활 하면서 제일 많이 하는 기도는 회개 기도일 것입니다. 회개 기도는 왜 할까요? 신앙생활이 마음처럼 되지 않아서 합니다. 물론 자신이 신자답지 못했다는 반성에서 회개 기도를 하는 것은 옳습니다. 그러나 그럴 때마다 매번 십자가로 다시 돌아가면 안 됩니다. 히브리서가 하는 이야기가 바로 이것입니다. '나는 궁극적으로 너희를 가나안에 들어가게 하려고 구원했는데, 너희는 뒤로 물러난다는 것이 말이 되느냐?' 하는 경고입니다. 히브리서 10장에 가 봅시다.

제사장마다 매일 서서 섬기며 자주 같은 제사를 드리되 이 제사는 언제나 죄를 없게 하지 못하거니와 오직 그리스도는 죄를 위하여 한 영원한 제사를 드리시고 하나님 우편에 앉으사 그 후에 자기 원수들을 자기 발등상이 되게 하실 때까지 기다리시나니 그가 거룩하게 된 자들을 한 번의 제사로 영원히 온전하게 하셨느니라 또한 성령이 우리에게 증언하시되 주께서 이르시되 그 날 후로는 그들과 맺을 언약이 이것이라 하시고 내 법을 그들의 마음에 두고 그들의 생각에 기록하리라 하신 후에 또 그들의 죄와 그들의 불법을 내가 다시 기억하지 아니하리라 하셨으니 이것들을 사하셨은즉 다시 죄를 위하여 제사 드릴 것이 없느니라 (히 10:11-18)

마지막 구절을 이렇게 바꿔 봅시다. '다시 죄를 위하여 회개할 것이 없느니라.' 이미 끝났기 때문입니다. 뭐가 끝났을까요? 죄 문제가 해결되었습니다.

죄는 계속되는데, 어떻게 끝났다는 것일까요? 성경이 말하는 죄는 도덕적 타락이 아니라 하나님과의 관계에서 이탈된 것을 말합니다. 우리와 하나님의 관계는 십자가로 결정됐는데, 그렇게 결정된 관계로 우리의 신분과 운명이 영원히 고정됩니다. 그러면 이제 무슨 일이 남을까요? 예수가 대제사장직을 계속 감당해야 하는 일이 남습니다. 십자가로 구원한 당신의 백성들을 영광의 자리로 인도하는 일이 남은 것입니다.

앞서 언급한 출애굽 사건을 생각해 봅시다. 출애굽 사건에서 이스라엘 백성이 실패한 것은 무엇입니까? 그들이 계속 거부한 것은 무엇입니까? 그들은 성숙한 자유인이 되는 것을 거부하였습니다. 허락된 자유가 지니는 결단과 책임을 외면하고 계속 애굽으로 돌아가자고 했습니다. 왜 돌아가자고 했을까요? 우리 생각에는 좀 뜻밖이라고 여겨집니다.

겁내지 말고

우리가 겁을 먹고 있는 현실은 하나님이 우리 각각에게 하나님의 자녀다운 성품을 완성하라고 주신 시간이자 기회입니다. 이런 책임을 져야 하는 시간인데, 지금 있는 자리가 어떤 자리인지를 모르니 늘 십자가로 돌아가 울고불고하는 것으로 끝입니다.

히브리서는 가르칩니다. "고단하다고? 이것이 십자가다. 예수께서 우리를 구한 방법이다. 십자가의 도가 멸망하는 자들에게는 미련한 것이지만, 구원을 받는 우리에게는 하나님의 능력이요 지혜다. 여기서 하나님의 일이 이루어진다." 흠을 없애려고 결벽을 떨어 씻어 내지 말고, 일어난 일로 유익을 누려야 합니다. 어떤 유익인지 로마서 6장을 봅시다.

> 그런즉 우리가 무슨 말을 하리요 은혜를 더하게 하려고 죄에 거하겠느냐 그럴 수 없느니라 죄에 대하여 죽은 우리가 어찌 그 가운데 더 살리요 무릇 그리스도 예수와 합하여 세례를 받은 우리는 그의 죽으심과 합하여 세례를 받은 줄을 알지 못하느냐 그러므로 우리가 그의 죽으심과 합하여 세례를 받음으로 그와 함께 장사되었나니 이는 아버지의 영광으로 말미암아 그리스도를 죽은 자 가운데서 살리심과 같이 우리로 또한 새 생명 가운데서 행하게 하려 함이라 (롬 6:1-4)

은혜를 이야기하면, 꼭 이런 반론이 나옵니다. '은혜로 다 된다면 내가 열심히 살 필요가 있는가.' 이게 아니면 '나는 버림받았나 봐. 하나님이 내 기도는 아예 들어주지도 않으셔' 하며 풀이 죽어 다닙니다. 그따위 소리를 하게 된 이유가 무엇입니까? 현실적 고통 때문입니다. 예측하지 못한 일들이 일어나는 고통입니다.

이런 일들은 왜 일어날까요? 우리에게 생각하라고 고통이 있습니다. 우리더러 "어떻게 할래?"라고 묻는 것입니다. 모든 인생이 그렇습니다. "이럴 땐 어떻게 할래? 저럴 땐 어떻게 할래?" 우리는 자기 실력만큼 합니다. 실력만큼 하고 실력에 못 미치는 만큼 후회하게 될 것입니다. 그러나 거기서 주저앉지 말고 한 수 배우고 일어나십시오.

우리는 영광으로 나아가도록 부름받았습니다. 세상은 이 부름을 받지 않았기 때문에 끝이 사망일 수밖에 없습니다. 헛될 수밖에 없습니다. 우리는 다릅니다. 우리에게 벌어지는 일들은 하나님이 우리를 자녀로 빚어 가기 위해 일어나게 하시는 일입니다. 하나님은 우리를 만들어 가기 위하여 우리에게 정답을 외우라고 하지 않으시고 직접 살아 보고 해 보라고 하십니다.

하나님이 우리에게 가라고 하시는 길은 한 번에 해치울 수 있는 것이 아닙니다. 서둘러 이 길로 들어오라고 말씀하지 않으십니다. 우리에게 충분한 시간을 주십니다. 우리 모두의 인생이 그런 것입니다. 그 길을 걸으십시오.

질문하기

1.

예수를 믿고 난 이후의 신앙 현실에서 우리가 스스로 격려하고
점검하는 기준이나 붙잡아야 할 푯대는 무엇이어야 합니까?

2.

출애굽 사건에서 이스라엘 백성이 계속 거부한 것은 무엇입니까?

3.

우리에게 벌어지는 일들은 왜 발생하는 것입니까?

나누기

허락된 자유가 지니는 결단과 책임을 외면하고 계속 과거로 돌
아가자고 했던 우리의 모습을 돌아보며 앞으로 어떻게 살아야
할지에 관해 생각해 봅시다.

질문과 답

01 • 아들을 통하여 우리에게 말씀하셨으니

1. 고난을 겪고 있는 자들이 현실의 문제를 이해하고 극복하도록 히브리서는 무엇을 소개합니까?

기독교 신앙의 본질적 내용을 소개합니다. (10쪽)

2. 예수를 설명하는 데에 왜 천사가 비교 대상으로 등장합니까?

우리가 예수를 믿어도 현실에서는 천사를 더 기대하고 천사를 더 가깝게 여기기 때문입니다. (11쪽)

3. 하나님이 인간에게 주신 영광이 어떠한 것인지를 무엇으로 확인할 수 있습니까?

예수의 성육신을 통해 확인할 수 있습니다. (14쪽)

02 • 이 구원은 처음에 주로 말씀하신 바요

1. 히브리서의 수신자들이 겪었던 이중고는 무엇입니까?

로마제국의 정치적, 사회적 핍박을 받을 뿐만 아니라 동족인 유대인들에게는 배신자 취급도 받은 것입니다. (20쪽)

2. 성경은 믿음을 '(　　) 있는 반응'이라고 가르칩니다.

책임 (23쪽)

3. 하나님이 영광으로 완성하기 위하여 일하신 결과인 나는 어떤 존재입니까?

예수가 오셔서 만들어 낸 창조, 용서, 구원, 부활의 권능에 붙잡혀 하나님의 영광을 이루는 과정에 있는 존재입니다. (24쪽)

03 · 사람이 무엇이기에

1. 하나님이 우리에게 우리의 기대와 상상을 초월한 목적을 두고 계시다는 것을 무엇으로 확인할 수 있습니까?

하나님이 당신의 아들을 직접 보내시고, 그 아들이 친히 십자가의 수치와 죽음을 감수하셨다는 사실에서 확인할 수 있습니다. (31쪽)

2. 성경은 예수의 죽음이 어떤 결과를 가져왔다고 이야기합니까?

공포를 제거하고 사랑이 공포를 삼키는 결과를 가져왔다고 합니다. (32쪽)

3. 하나님의 영광은 무엇입니까?

우리의 영광을 만들어 내는 것입니다. (36쪽)

04 · 오직 아브라함의 자손을 붙들어 주려

1. 욥이 사탄에게 시험받은 이유는 무엇입니까?

세상의 것으로 만족하고 제자리에 안주하고 싶어 하는 생각의 틀을 깨뜨려서 우리를 더 나아가게 하시려는 하나님의 도전 때문입니다. (42쪽)

2. 하나님이 예수를 통해 죽음을 이기셨다는 말은 어떤 뜻입니까?

단순히 소멸이나 비극이 힘을 못 쓰게 하는 방식으로 해결한다는 의미가 아니라, 그 길을 우리가 실제로 걷도록 계속 인도하신다는 것입니다. (43쪽)

3. 하나님이 이삭을 잡으라고 하신 명령은 무슨 뜻입니까?

실패한 창조를 잡으라고 하신 것입니다. (45, 46쪽)

05 · 그가 시험을 받아 고난을 당하셨은즉

1. 죄의 본질은 무엇입니까?

도덕성의 결핍이 아니라 '영광에 이르지 못한 것, 영광에 미흡한 것'입니다. (51쪽)

2. 인문학이 낸 답이 '공포'인 이유는 무엇입니까?

인간은 인간이 항복할 만한 명예와 가치를 만들어 낼 수 있는 존재가 아니라는 사실을 확인했기 때문입니다. (52쪽)

3. 기독교 신앙이 요구하는 길은 어떤 것입니까?

고난이 고난으로 끝나지 않는 자리, 그 쓴 경험이 일하는 자리, 그래서 정말 원숙해지는 자리에 가는 것입니다. (56쪽)

06 · 너희 마음을 완고하게 하지 말라

1. 믿음이 순종으로 드러나기 위해 우리에게 필요한 것들은 무엇입니까?

시간, 과정, 훈련입니다. (62, 63쪽)

2. '은혜가 책임을 요구한다'라는 말에서 나온 단어는 무엇입니까?

믿음 (65쪽)

3. 우리라는 존재가 자발성을 가지고 하나님에 대한 항복과 기쁨과 순종을 자신의 가장 중요한 본질로 가지겠다는 마음으로 서 있는 자리를 성경은 무엇이라고 말합니까?

책임이라고 말합니다. (66쪽)

07 • 우리가 저 안식에 들어가기를 힘쓸지니

1. 책임은 구원받는 (　)이 아니고 구원의 (　　)입니다.

　조건, 목적 (72쪽)

2. 현실적이고 구체적인 고난 속에 우리를 몰아넣으시는 하나님이 당신의 구원을 완성하시기 위해 우리에게 요구하시는 것은 무엇입니까?

　순종과 믿음입니다. (75쪽)

3. 예수님의 성육신으로 증명되는 사실은 무엇입니까?

　우리가 있는 자리는 하나님이 늘 함께하신다는 것입니다.
　(76, 77쪽)

08 • 우리에게 큰 대제사장이 있으니

1. 적극적이고 긍정적인 의미의 '자기 부인'이 무엇인지 설명해 봅시다.

　인간의 생각으로는 상상할 수 없는 존귀한 존재, 하나님이 당신의 자녀라고 부르는 영광스러운 존재, 하나님이 사랑하시고 또한 사랑을 요구하시는 존재가 되는 것입니다. (84쪽)

2. 히브리서에 나온 안식은 어떤 것입니까?

예수 안에서 약속된 존재로 살아가는 것, 예수에게 항복하기로 선택하는 것, 그 선택을 기쁜 마음으로 하는 것입니다. (85쪽)

3. 복음이란 무엇입니까?

하나님이 당신이 목적하시는 자리까지 우리로 자라 가게 하는 일을 결코 포기하지 않으시고, 우리가 하나님의 자녀라는 사실에 스스로 항복하고 기뻐하고 자랑하는 자리에 이르기까지 절대 놓아두지 않겠다고 작정하신 것입니다. (87쪽)

09 · 그 뜻이 변하지 아니함을 나타내시려고

1. 창세기 22장에서 하나님이 아브라함에게 약속하신 복이 이삭을 바치는 순종 때문에 주어졌다고 볼 수 없는 이유는 무엇입니까?

아브라함이 이삭을 얻기도 전에 이미 동일한 약속이 주어져 있었기 때문입니다. (95, 96쪽)

2. 율법과 믿음은 어떤 대조를 이루고 있습니까?

율법은 잘못하지 않게 하는 것인 반면, 믿음은 잘하게 하는 것입니다. (98쪽)

3. 이삭을 돌려받음으로 아브라함이 가지게 된 창조와 부활의 증거 외에 그가 더 나아가게 된 자리는 어떤 곳입니까?

'하나님의 영광의 찬송, 하나님의 자녀들의 영광의 자유'라는 곳입니다. (100쪽)

10 · 예수는 더 좋은 언약의 보증이 되셨느니라

1. 복음이 가진 긍정적이고 적극적인 약속은 무엇입니까?

구원은 이미 이루어졌으나, 우리가 천국에 가는 날까지 예수님이 여전히 대제사장으로 하늘 보좌 우편에서 우리를 위하여 기도하고 계신다는 약속입니다. (108쪽)

2. 예수의 영원한 대제사장직에 담긴 의미는 무엇입니까?

우리의 실패가 우리의 운명을 결정하도록 놔두지 않겠다는 약속입니다. (109쪽)

3. 달란트 비유가 말해 주는 것은 무엇입니까?

'하나님은 당신의 사역에 우리를 불러 동참하게 하셨다. 주인의 마음을 나눠 갖는 일에 우리 인생을 부르셨다'라는 것입니다. (111쪽)

11 · 이러한 대제사장이 우리에게 있다는 것이라

1. 예수를 믿고 난 이후의 신앙 현실에서 우리가 스스로 격려하고 점검하는 기준이나 붙잡아야 할 푯대는 무엇이어야 합니까?

　예수의 십자가이기보다 예수의 대제사장직입니다. (119쪽)

2. 출애굽 사건에서 이스라엘 백성이 계속 거부한 것은 무엇입니까?

　성숙한 자유인이 되는 것입니다. (122쪽)

3. 우리에게 벌어지는 일들은 왜 일어나는 것입니까?

　하나님이 우리를 자녀로 빚어 가기 위해 그 일들을 일어나게 하시기 때문입니다. (124쪽)